KB122008

이과장의
좋좋소

빠니보틀 대본집 | 시즌 1 · 2

정 사장

이미나

조충범

감독

빠니보틀 ^^2

이과장

이과장

정 이사

이예영

초판 1쇄 발행 2021년 6월 23일

지은이 빠니보틀

발행인 우현진
발행처 용감한 까치
출판사 등록일 2017년 4월 25일
대표 전화 02)2655-2296
팩스 02)6008-8266
홈페이지 www.bravekkachi.co.kr
이메일 aoqnf@naver.com

기획 및 책임편집 우혜진
디자인 죠스 **조판 디자인** 코끼리 영화관 **교정교열** 이정현 **마케팅** 리자
CTP 출력 및 인쇄·제본 상지사

- 잘못된 책은 구입한 서점에서 바꿔드립니다.
- 이 책에 실린 모든 내용, 디자인, 이미지, 편집 구성의 저작권은 도서출판 용감한 까치와
  지은이에게 있습니다. 허락 없이 복제하거나 다른 매체에 옮겨 실을 수 없습니다.

ISBN 979-11-971969-6-6(03680)

ⓒ 빠니보틀
정가 17,000원

감성의 키움, 감정의 돌봄 용감한 까치 출판사

용감한 까치는 콘텐츠의 樂을 지향하며 일상 속 판타지를 응원합니다. 사람의 감성을 키우고 마음을 돌봐주는
다양한 즐거움과 재미를 위한 콘텐츠를 연구합니다. 우리의 오늘이 답답하지 않기를 기대하며 뻥 뚫리는 즐거
움이 가득한 공감 콘텐츠를 만들어갑니다. 아날로그와 디지털의 기발한 콘텐츠 커넥션을 추구하며 활자에 기대
어 위안을 얻을 수 있기를 바랍니다. 나를 가장 잘 아는 콘텐츠, 까치의 반가운 소식을 만나보세요!

감독의 말

〈좋소좋소 좋소기업(이하 좋좋소)〉은 저의 별 볼일 없는 생각에서 시작되었습니다.

장기 해외여행 중 한국인의 평범한 삶이 그리워 보기 시작한 드라마 〈미생〉의 광팬이 된 저는, 중소기업을 다룬 〈미생 2〉가 드라마화되기를 간절히 기대했습니다. 그러나 드라마는 나오지 않았고, 저는 누군가 중소기업을 소재로 영상을 만들면 정말 재밌을 것 같다는 생각을 어렴풋이 해왔습니다.

그러던 중, 2020년 코로나가 창궐해 본업인 여행 유튜브를 당분간 지속하지 못하게 됐습니다. 하릴없이 빈둥빈둥거리던 중, 현재 드라마에 정 이사로 출연하고 있는 친구 조정우와 맥주를 마시며 이런저런 이야기를 나눴고, 재밌는 유튜브를 한번 해보고 싶다는 말에 깊이 묻어뒀던, 별것 아닌 아이디어를 끄집어내 프로젝트를 진행했습니다. 핸드폰으로 찍어 콩트 형식으로 업로드해보자며 가볍게 시작한 이 프로젝트는, 촬영 감독님과 스태프분들, 뜻이 맞는 배우분들과 중소기업 유튜버 이과장님의 협업으로 많은 분들에게 사랑받는 웹 드라마가 되었습니다.

스스로도 잠시 스쳐 지나가는 작은 아이디어로 시작한 〈좋좋소〉가 이렇게 대본집까지 낼 정도로 큰 호응을 얻으리라고는 상상도 하지 못했습니다. 최근 미디어에서는 잘 사는 사람들, 상위 1%의 부족함 없이 지내는 연예인, 기업인의 삶을 집중적으로 조명하는 것이 트렌드입니다. 하지만 우리 중 대부분은 그렇지 않은, 또는 그렇지 못한 평범한 사람들입니다. 그런 우리, 평범한 사람들에게 공감해주고 서로의 소소한 푸념을 들어주는 것이 많은 위로와 위안이 될 수 있다는 사실을 〈좋좋소〉를 만들며 깨달았습니다.

별 볼일 없는 평범한 아이디어였던 〈좋좋소〉가 여기까지 온 것처럼, 평범해서 별 볼일 없어 보이는 우리도 각자의 인생에서 성공을 이뤄냈으면 합니다.

같이 작업한 제작 스태프분들, 출연 배우분들, 잠시 나와주신 카메오분들, 왓챠 관계자분들, 디테일한 자문을 준 곽튜브, 이나랜드, 서부길 님 등등….
그리고 이 프로젝트를 성사시킨 이과장님, 이태동 촬영 감독에게 감사의 말씀을 전합니다.

빠니보틀 ^^2

그리고 제 여행기를 좋아해주시는 팬분들에게…
너무 진지해서 죄송합니다.
저 원래 그런 사람 아닌 거 아시죠? ^^2

작품 설명 및 등장인물 소개

[좋소좋소 좋소기업]

장르 시트콤/블랙코미디

주제 질 나쁜 중소기업에 입사하게 된 주인공과 그 상사들의 이야기

러닝타임 편당 5~10분

조충범. 키워드는 '한량, 쩌질'

이 주임. 키워드는 '또라이, 소시오패스'

이 라장. 키워드는 '동네북'

눈치 없는 신입

정 이사. 키워드는 '무능'

정 사장. 키워드는 '꼰대'

메인 빌런 or 악당

로그라인

주식을 하기 위해 자취방 룸메이트를 포함한 주변 지인들에게 큰돈을 빚진 주인공 조충범. 스물아홉 살에 이렇다 할 경력이나 내세울 것이 없어 대기업은커녕 괜찮은 중소기업 입사 시험에 줄줄이 낙방한다. 그러던 중 걸려온 한 회사의 전화.

첫인상이 썩 좋지는 않았지만 여기라도 다니지 않으면 또다시 아르바이트 생활을 전전하며 경력을 쌓지 못하는 자신의 미래가 보인다. 조충범은 어쩔 수 없이 대한민국 좋소기업의 정수를 모아놓은 이 회사에 입사해 사투를 벌이기 시작한다.

정 사장 - 정필돈(배우 강성훈)

자기 자랑하기 좋아하고 말이 많은 전형적인 꼰대 스타일. 본인이 회사를 일궈냈다는 자부심이 크다. 말이 많고 첫째, 둘째 아들 자랑을 입에 달고 산다. 항상 회사에 돈이 없다는 것을 강조하면서 직원들에게 돈 쓰기를 아까워한다. 직원에게 주인 의식을 강조하지만 정작 본인은 직원을 부하로 여긴다. 회사에 늘 붙어 있는 것이 특징.

Reference 회사 유니폼을 항상 입고 다님.

정 이사 - 정정우(배우 조정우)

29세. 사장과 사촌 관계다. 큰 덩치에 어눌한 말이 특징. 정 사장이 이사 자리에 앉혔지만 할 줄 아는 게 없어 다른 직원에게 전부 떠넘기면서도 이사니까 그래도 된다고 생각한다. 항상 억울하고 불만이 있는 표정. 게임을 좋아하는 오타쿠. 회사에서 핸드폰 게임을 많이 한다. 다른 직원은 물론 정 사장마저 정 이사가 뭘 해낼 거라고 크게 기대하지 않는 백두혈통. 물욕, 식탐이 많다.

Reference 걸음걸이나 행동이 느릿느릿하고 나사가 빠져 보이는 것이 특징.

이 과장 - 이 과장(배우 이과장)

사내에서 허드렛일을 도맡아 하는 과장. 스마트하진 않지만 오랜 회사 생활로 노하우는 쌓인 상태. 나이가 차고 가정이 있는 데다 이직하기에는 상당히 애매한 경력과 능력으로 정승 네트워크에 불만이 있음에도 회사를 옮기지 못하고 있다. 조충범과 같은 주식 종목에 투자했는데 그 사실을 자신만 알고 있다. 나름 정 사장에게 아부도 떨지만 그닥 통하는 것 같지는 않다. 그래도 긍정적이고 심성이 착해 조충범에게 잘해준다. 사실상 주인공의 사수.

Reference 이과장 님 본인을 연기하시면 됩니다.

이 주임 - 이미나(배우 김태영)

27세. 주임으로 사내에서 이 과장과 함께 일을 제일 많이 한다. 일머리가 좋고 토익 700점으로 사내에서 유일하게 영어를 할 줄 알아 해외 관련 전화를 주먹구구식으로 잘 처리하곤 한다(영어 발음은 엄청나게 구림). 그러나 심각하게 '똘끼' 있는 사차원에 차가운 말투와 표정으로 주변에서 건드리지 못한다. 일반인과 다른 센스를 가지고 있어 이상한 타이밍에 웃는다든가 화를 낸다든가 한다. 정치질이나 갈굼 등에서 비교적 자유롭다.
Reference 주로 무표정하다. 남들 웃을 때 절대 같이 웃지 않는다. 이해가 안 간다는 식의 표정이 많음.

주인공 - 조충범(배우 남현우)

29세. 아르바이트 경력과 쓸모없는 자격증이 전부인 폐급 인생. 무리한 투자로 지인들과 친구가 빌려준 돈을 잃어 취업을 안 할 수 없는 상황. 바보는 아닌데 일머리가 없다. 표정 관리가 안 되는 것이 특징. 전형적인 방구석 백수 타입. 살짝 소심하고 쭈뼛거리며 불만이 많은 표정.
Reference 놈팡이, 한량 같은 모습.

1화.
좋소기업 면접 특

본 회에는 유튜버 마린모드 님, 유튜버 해피새아 님, 유튜버 원지 님이 카메오로 출연해주셨습니다.

S#1. 면접 중인 사무실 / 낮

진지한 분위기가 흐르는 면접장. 3명 정도의 면접자 중 주인공 '조충범'이 어색한 정장을 입고 면접관 앞에서 자기소개를 하고 있다.

조충범   (자신 없는 태도로)살면서 가장 어려웠던 일은… 음… 제가 군대에 있을 때였습니다. 선임 중 저를 싫어하는 사람이 한 명 있었는데, 극복해내기가 쉽지 않았지만, 그… 제 참을성? (고개를 저으며)아 인내심… 인내심을 발휘하여 잘 넘어갔던 기억이…. (말을 더듬으며 어려워한다)

뻔한 대답에 그닥 흥미가 없는 면접관은 다음 면접자로 넘어간다.

면접관   조충범 씨, 잘 들었어요. 다음, 엄새아 씨 들어볼게요.

다음 면접자   (자신 있는 태도로 대답을 하는 면접자 2, 자신감 있게)저는 미국 유학 때 외국 친구들과 어플리케이션 개발에 도전했습니다. 스타트업으로서 자부심 있게 진행했고 꽤 순조로웠습니다. 그러던 중 한 명의 동료가 저희가 개발한 어플리케이션을 가지고 다른 회사에 들어가 사업적 권한을 빼앗긴 일이 있었습니다. 모든 걸 걸고 도전했던 저희들의 시도 전부가 부정당하는 것을 느꼈지만….

얼굴빛이 안 좋은 조충범. 다음 면접자가 얘기하는 동안 고개를 숙이고 있다. 이번에도 낙방할 것이 뻔한 느낌을 강하게 받은 조충범.[1)]

S#2. 한적한 공원 길가 / 낮

면접이 끝난 조충범은 매고 있던 넥타이를 느슨하게 풀고 걸으며 한숨을 푹 쉰다.

조충범 '쯧 하… 이번에도 글렀구만….'(NA)

한탄하며 걷고 있는 와중 조충범의 핸드폰으로 전화가 한 통 온다. 전화를 받는 조충범.

조충범 (멈추며)네, 여보세요. 아, 네, 맞습니다. 정승 네트워크요? (놀라며)…지금요?

S#3. 허름한 사무실 건물 앞 / 한낮

면접을 보러온 조충범. 허름한 건물 앞에서 두리번거리며 핸드폰 지도를 확인하고 건물 안으로 들어간다.[2]

S#4. 정승 네트워크 사무실 / 한낮

사무실 문 앞에 선 조충범. 정승 네트워크 로고가 박힌 문 앞. 들어가려고 하나 뭔가 초인종 같은 장치가 보이지 않는다. 이리저리 두리번거리며 누를 만한 무언가를 찾는 조충범.

조충범 '아니, 뭘 눌러야 되는 거야?'(NA)

귀도 살짝 대보고 살짝 건드려도 보고 문 앞에서 생쑈하는 조충범. 그때 덜컥 하고 문이 열린다. 당황하며 놀라는 조충범.

조충범 어? 어… 아, 안녕하십니까.

정 이사 (조충범을 빤히 쳐다보며)음… 머여 누구세요?

조충범 (당황하며)아… 저 면접 보러 왔는데요….

정 이사 면접? 오늘 면접 있던가? (작게 중얼거리며)소다타…[3] 네… 일
단 들어오세요….

정 이사와 함께 사무실 안으로 들어가는 조충범. 사무실을 곁눈질로 쭉 훑
어본다. 정돈이 되지 않은 듯한 오래돼 보이는 사무실. 두 사람밖에 없다.
조용하다.

정 이사 이 과장님, 오늘 면접자 있었어요?

본인 자리에 앉아 있던 이 과장이 컴퓨터를 보다가 얘기한다.

이 과장 네, 사장님이 뽑으라고 하셔서 아까 제가 연락 넣었어요.

정 이사 아…. 그러면 과장님이 안내 좀 해주세요.

이 과장 (자리에서 일어나며)예, 알겠습니다.

자기 자리로 돌아가는 정 이사. 곧바로 핸드폰을 들고 게임에 열중한다. 조
충범을 안 쓰는 테이블과 의자로 안내해 앉게 하는 이 과장.

이 과장 (의자를 꺼내주며)이쪽으로.

조충범 아, 넵. 감사합니다.

이 과장 커피 드시나요?

조충범 아, 넵넵.

이 과장은 싱크대가 있는 곳으로 가서 맥심 커피를 하나 탄다. 많이 해본 듯
한 솜씨로 맥심 커피 봉지로 커피를 휘휘 저은 다음 능숙하게 봉투를 한 입

쓱 빨고서 쓰레기통에 던진다.[4] 그런 다음 조충범이 앉아 있는 탁자에 커피를 내려놓는다.

조충범   감사합니다.

조충범이 커피를 한 입 마시는 사이 갑자기 문이 획 열리며 정 사장이 들어온다.

정 사장   (트로트 같은 콧노래를 부르며 들어온다)음음~~~~

빠른 걸음으로 들어오다 조충범이 앉아 있는 모습을 보고 멈춘다.

정 사장   음? 어떻게 되는 분이죠?

조충범   (재빠르게 일어나며)아 넵! 오늘 면접 보러 온 면접자입니다!

정 사장   면접?

이 과장   아까 사장님이 오늘 바로 볼 수 있는지 물어보라고 하셔서요….

정 사장   아이고, 맞다! 내가 그랬지! 미안합니다. 요즘 내가 깜빡깜빡해! 하하! 그 면접 보시는 분 이름이 어떻게 됩니까?

조충범   넵! 조충범입니다!

정 사장   오케이 충범 씨. (아재 특유의 노래 부르면서 말하며)그~러면 일~단~ 봅 시~다~ 뭐, 바로 시작해도 돼죠? 우리가 나중에 큰 데로 이사[5] 갈 건데 지금은 장소가 좀 이래요. 양해 좀 해줘요.

조충범   네, 상관없습니다!

정 사장   좋아~ 좋아, 그러면 이 과장이! 책상 안 쓰는 거 좀 여기로 갖고 와봐. 자네랑 나랑 보면 되겠지?

이 과장   네, 사장님.

이 과장이 테이블과 의자를 혼자서 옮긴다. 정 이사는 테이블에서 턱을 괴고 컴퓨터를 보다가 힐끗힐끗 그 모습을 쳐다보지만, 도와줄 생각은 않는다. 정 사장은 옷을 옷걸이에 걸고 책상에 앉아 있다. 조충범은 살짝살짝 눈치를 보다가 이 과장을 돕는다. 이윽고 정 사장이 마련된 테이블로 다가온다. 이 과장이 본인 자리에서 면접자 관련 서류를 가져온다. 이 과장과 정 사장이 함께 앉고, 조충범은 맞은편에 앉는다.

정 사장   자 자, 앉아봐요. 이름은… 잠깐, 이름 뭐랬지? 상범?

조충범   네, 조충범입니다!

정 사장   어어 조충범, 그래 오케이….

이 과장이 정 사장에게 서류를 건넨다.

정 사장   어디 보자… 스물아홉 살… 인서대학교…. 그게 어디 있는 거더라?

조충범   아, 옙, 원주시에 위치해 있습니다.

정 사장   원주~ 강원도 원주~ 내가 또 원주 잘 알지. 옛날에 와이프랑 연애했을 때 자주 놀러 갔거든~ 뭐 아무튼… 오케이. 인서대학교… 영어과… 근데 토익이 500점이네?

조충범   적성에 안 맞는 것 같아서 다른 공부를 좀 병행했습니다.

정 사장   어떤 거 했어요?

조충범   뭐, 프로그램 개발이나…
            게임 제작 같은 그… 엔진이랑
            HTML 같은 걸 조금 써봤습니다.

정 사장   HT… 뭐? 이 과장이, 우리 회사에서 그런 거 쓰냐?

이 과장   아뇨.

정 사장 뭐, 할 줄 아는 게 많으면 좋지. (서류를 더 훑어보며)자, 그리
고… 충범 씨 알바 말고는 뭐 경력이 없네?

조충범 (준비된 멘트같이 갑자기 허리를 곧게 세우며)그래도 아르바이
트할 때 사회 경험을 많이 했다고 자부할 수 있습니다. 특히 골
프장 아르바이트를[6] 할 때는, 제가 그동안 겪지 못했던 각계각
층의 다양한 사람들을….

정 사장 (고개를 저으며)음 음 음 다양한 경험. 과연 충범 씨가 나만큼
해봤을까요?

조충범 (당황한 듯)네, 네…?

정 사장 이 회사가 말이야, 정확히 2002년에 내가 설립했어요. 월드컵
때. 내가 원래 그 삼전, 삼전무역에 다녔다고. 그 빛나는 감투를
벗어던지고 내 박차고 나와서 여길 만들었어. 이게 무슨 의미인
지 알아요?

조충범 (떨떠름하게)어… 잘 모르겠습니다.

정 사장 오케이, 자.

정 사장은 조충범에게 본인 인생 전반의 얘기를 장황하게 늘어놓는다.

정 사장 (V.O)회사가 한번은 완전 망할 뻔했어. 우리가 들여오려던 물
건 실은 배가 아프리카에서 피랍이 된 거야. 그게 터키 배였는
데, 우리가 말이야, 말도 안 통하고 답답하던 와중에! 내가 직
접! 터키로 갔어! 그때 하필이면 내가 프랑스 출장 가 있는 바
람에 그나마 좀 가까웠으니 망정이지! 다른 데였으면, 아이고,
그 먼 데를 어느 세월에 갑니까?

조충범은 눈을 크게 뜨고 최대한 들어보려 집중한다. 이 과장은 사장님이

안 보이게 입을 최대한 다물고 하품을 한다. 정 사장의 긴 얘기는 아들 자랑으로 이어진다. 정 이사는 뒤에서 면접에는 무관심한 채로 핸드폰 게임에 한창이다.

정 사장   (V.O)…그래 가지고 큰아들이 엄청 속을 썩이는 거야. 애 엄마랑 나랑 아주 죽을 뻔했어. 근데 얘랑 나랑 같이 노르웨이 여행을 갔을 때 진심을 다해 내가 얘기했지. 야, 이 쉐꺄. 네가 아버지 인생의 반이라도 살 수 있겠냐? 너도 중 1이면 다 큰 거야, 인마. 그러면서 내가 걔 나이 때 얘기를 MSG 쳐가면서 좀 늘어놨지. 그러니까 걔가 딱 거기서 감동을 먹은 것 같더라고. 그 오로라 막 비치는, 응? 그 호텔 거기 베란다에서 말이야. 거기서 난 딱 오케이 왔지. 얘가 드디어 알아들었구나! 뭔가 울림이 왔구나![7]

이 과장은 옆에서 고개만 끄덕이는 척하며 핸드폰으로 주식 차트를 보고 있다. 조충범은 억지로 참아가며 듣고 있다.

정 사장   그래서 첫째 아들은 내가 꽉 잡아놨지.
조충범   '해치웠나…?'(NA)

이 과장은 보고 있던 핸드폰을 쓱 집어넣고 박수 칠 준비를 한다.

정 사장   그런데 말이야, 문제가 이 둘째 놈이란 말야? 얘는 초등학교 5학년인데….

이 과장은 자연스럽게 다시 핸드폰을 쓱 꺼낸다. 정 사장은 그 이후에 다시 둘째 아들 이야기를 장황하게 늘어놓는다.

정 사장   … 이 과장이, 어때. 이런 가족이 세상에 어딨어, 그치?

다시 능숙하게 핸드폰을 주머니에 넣으면서 자연스럽게 맞장구를 치는 이
과장.

이 과장   (고개를 격하게 끄덕이며)캬~ 진짜 감동 실화 영화 한 편 다 봤
습니다. 원래 이런 얘기는 돈 주고 들어야 하는데 제가 지금 카
드밖에 없습니다, 사장님. 혹시 카드 됩니까?[8]

정 사장   (기분 좋아하며)어허! 다음부터는 현금 준비해 와! 충범 씨, 잘
들었어요?

조충범   (당황하며)네, 넵…!

정 사장   이 남자의 인생이란 건 말이야. 태풍이 왔을 때 바다에서 치는
파도 같아야 제맛이라 이 말입니다. 충범 씨한텐 그런 인생 역
경이 없어요.

조충범   네….

정 사장   그렇다고 내가 충범 씨가 싫으냐? 그런 건 또 아니야. 우리 회
사 이름이 뭐야. 정승. 다 같이 열심히 해서! 정승같이 높은 자
리에 올라가는 것! 누구 하나만 잘되자는 게 아니라! 조충범 씨
가 부족하다? 함께 일하면서 성장하면 되는 겁니다.

조충범   네….

정 사장   우리 회사 뭐 하는 회사인지 알아요?

조충범   무역 회사로 알고 있습니다.

정 사장   자, 무역이 뭐냐! 다 몸으로 부딪히고! 전쟁처럼 쟁취하는! 그
런 일입니다. 뭐 모르는 거? 부족한 거? 여기 이 이 과장!

정 사장이 이 과장의 어깨를 탁 친다. 잠시 딴생각을 하고 있다가 어깨를 맞고 번뜩 정신을 차리는 이 과장.

이 과장   (손을 조금 들며 복명복창하듯)네! 이 과장!

정 사장   그리고 저 뒤에 우리 정 이사!

정 이사   (핸드폰을 하다가 제대로 못 들은 채로)…예?

정 사장은 정 이사를 보며 무슨 말을 하려다가 이내 다시 고개를 돌린다.

정 사장   …아무튼! 다들 능력 뛰어난 사람들이에요. 이런 사람들 밑에서 배우면 일은 완벽히 배우지.

면접 초기보다는 의욕이 떨어진 조충범이었지만, 그래도 고개를 계속 끄덕이며 리액션을 해준다.

정 사장   나도 삼전 같은 대기업에 다녀봐서 알지만, 그런 큰 회사 가봐야 기계 속 부품밖에 더 돼? 찰리… 그 뭐시기냐 어? 초콜렛?

이 과장   (작게 말하며)찰리 채플린입니다.

정 사장   그래, 그거 된다고, 그거. 오케이?

조충범   네.

정 사장   공룡의 꼬리가 되지 말고 쥐새끼의 머리가 되자 이겁니다. 오케이?

조충범   네…. '뭔가 묘하게 이상하다.'(NA)

정 사장   (다시 면접 종이를 훑으며)그나저나 여기 취미에… 노래방이라고 쓰여 있네?

조충범   아, 넵. 평소에 친구들이랑 노래방 가는 걸 좋아합니다.

정 사장	그럼 충범 씨 노래 좀 봅시다.
조충범	(당황하며)여, 여기서요…?
정 사장	내가 너무 어려운 거 시킨 거 아니지? 우리랑 일하려면 말이야 자신감, 추진력, 뭐 이런 거만 있으면 돼.
이 과장	(조그맣게 두 손을 움켜쥐고 파이팅을 하며)할 수 있다! 아자아 자!

뒤에 정 이사도 관심이 조금 갔는지 핸드폰 게임을 멈추고 빤히 쳐다본다.

조충범	(슬쩍)그… 분위기가 노래방이랑은 좀 달라서 잘될지 모르겠습 니다.

그 말을 듣고 이 과장이 일어나 서랍에서 일회용 수저를 꺼낸다. 일회용 수저에 일회용 컵을 꽂아 간이 마이크를 만들어 조충범한테 건넨다.

이 과장	여기 마이크.[9]
정 사장	아~ 좋다, 분위기 난다~!

조충범은 잠시 고민하다 뭔가를 떠올렸다는 듯 알아챈다. 이윽고 심호흡을 크게 한번 하고 하나 둘 셋을 한 후 노래를 부르기 시작한다.

조충범	내가 웃고 있나요~ 모두 거짓이겠죠~(노래 광대 춤과 함께 열 창)[10]

이 과장은 노래를 듣다가 벽으로 가서 스위치를 껐다 켰다 하며 노래방 흉 내를 낸다. 정 사장은 박수를 치고 웃으며 그 모습을 지켜본다. 심취한 조충

범은 파일철 하나를 꺼내서 탬버린처럼 허벅지를 치며 노래를 부른다. 노래가 끝나고 정 사장과 이 과장은 박수를 친다. 정 이사는 뒤에서 그 모습을 보며 실실 웃고 있다.

정 사장   (크게 환호하며 조충범을 손가락을 이용해 큰 동작으로 가리키며)오케이! 합격!

조충범   네??

종종소
[1화 끝]

———————————————— 주 ————————————————

1) 충범은 개인적으로 저 자신을 많이 투영한 캐릭터입니다. 나이는 먹을 대로 먹었지만 다른 경쟁자들에 비해 이렇다 할 스펙도 없는 루저로서 의기소침하고 주눅 들어 있던 취준생, 프리랜서 시절을 그려보았습니다.

2) 영상에서는 삭제된 씬입니다. 필요 없이 길기도 했고 실제 사무실 외관도 아니어서 차후 촬영에 방해가 될 것 같다는 판단에 삭제했습니다.

3) 정 이사는 원래 일본어를 섞어 쓰는 전형적인 오타쿠 캐릭터였습니다. 그러나 정 이사 역을 맡은 조정우는 전문 배우가 아니어서 해당 대사를 굉장히 어색해했고 논의 끝에 일본어 대사는 넣지 않으면서 오타쿠 느낌을 살려볼 수 있도록 했습니다. 재밌는 점은 실제로 정 이사 역의 조정우는 기본적인 일본어를 꽤 할 줄 압니다.

4) 기존에는 영상처럼 리듬감 있는 씬을 의도하고 만들지는 않았습니다. 그저 과장님이 중소기업에서 믹스 커피를 많이 타봤다 정도로 의도한 씬이었는데 편집하다 보니 박자감이 살 것 같아 그렇게 편집을 해봤습니다.

5) 실제로 1화부터 5화는 극 중에서 이사 가는 것을 염두에 두고 쓰진 않았습니다. 다만 이 부분에서 이사 간다는 내용의 대화 덕분에 시즌 2 제작에서 실제로 정승이 이사 간다는 복선을 간단하게 회수할 수 있었습니다.

6) 골프장 아르바이트는 실제로 제가 했던 아르바이트입니다.

7) 대본상의 이 긴 대사는 실제 편집에서는 많이 삭제되었습니다. 지루하게 자기 얘기를 이어간다는 콘셉트였는데 실제로 영상이 지루해지는 부작용이 있었기 때문입니다.

8) 이 부분은 대본에 제가 쓴 개그 요소인데 많은 분들이 댓글로 애드리브가 좋다고 하셔서 배우들의 연기력에 새삼 놀랐던 기억이 있습니다.

9) 실제 영상의 '중소기업에서 안 되는 건 없습니다~ 다 됩니다~'는 이과장 님의 애드리브입니다.

10) 무슨 의미가 있어 '광대'를 선곡한 건 아니었습니다. 조충범 역을 맡은 남현우 배우에게 편한 노래를 불러달라고 했고, 대본에 있는 노래와 본인이 부르고 싶은 노래를 같이 불렀습니다. 실제로 남현우 배우는 노래를 정말 잘 부릅니다.

미대 오빠 빠니보틀 감독의 초기 콘티

1화 S#1. 면접 중인 사무실 / 낮
탁자를 가운데 두고 면접관과 2~3명 정도의 면접자가 면접을 보는 중. 주인공 조충범이 말하고 있다.

자신 없게 말하고 있는 조충범. 얼굴에서 긴장하고 버벅거리는 모습이 역력.

크게 마음에 들지 않는 면접관의 모습. 다 듣고 나서 다음 면접자에게 고개를 돌려 차례를 넘김.

면접관의 뒷모습이 보인다. 당당하고 자신 있게 설명을 하는 두 번째 면접자와 비교되는 조충범의 모습을 보여준다.

자신 있는 말투로 설명을 이어나가는 두 번째 면접자 목소리가 계속 나오고, 주인공은 좋지 않은 표정으로 아래를 본다.

S#2. 한적한 공원 길가 / 낮
공원 길가를 힘없이 걷는 조충범. 넥타이를
느슨하게 푼다.

갑자기 울리는 벨 소리.

정승 네트워크에서 온 전화를 받는 조충범.

지금 면접을 보러 오라는 말에 살짝 놀라며
지금 가냐고 되묻는 조충범.

S#3. 허름한 사무실 건물 앞 / 한낮
아래에서 위로 올려다본 낡은 상가 건물.

11

핸드폰 지도와 건물을 번갈아 확인하는 조충범.

12

확인하다 건물 안으로 들어간다.

13

S#4. 정승 네트워크 사무실 / 낮
사무실 앞에서 선 조충범.

14

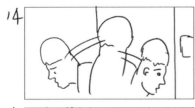

뭔가 누를 만한 것을 찾는 조충범. 이리저리 두리번거린다. (무언가 들리는지 얼굴을 문에 살짝 갖다 대보기도)

15

갑자기 열리는 문에 얼굴을 찧는다.

얼굴을 부여잡고 아파 하는 조충범. 안에서
정 이사가 어정쩡한 표정으로 쳐다본다.

누구냐고 물어보는 정 이사.

반쯤 열린 문 사이로 대화하는 둘.

면접 있었나 생각해보는 정 이사.

뒤돌아서 이 과장에게 면접 있었냐고 묻는다.

21

정 이사의 질문에 대답하는 이 과장.

22

조충범을 들어오게 하고 이 과장에게 안내를 시키는 정 이사.

23

자기 자리로 걸어와 앉아 핸드폰 게임을 시작하는 정 이사. 저쪽 테이블에서는 이 과장과 조충범이 테이블로 간다.

24

조충범을 자리에 앉히는 이 과장.

25

커피를 마실 거냐고 물어보는 이 과장.

싱크대로 향하는 이 과장.

싱크대를 열고 맥심 커피를 따고 커피포트를 누른 후 끓이고 따르고 휘휘 젓는 일련의 과정이 박자감 있게 편집. 이 과장이 커피 타는 솜씨가 많이 해본 것처럼 보여야 함. 사물이 클로즈업돼서 보인다.

31

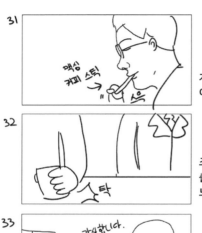

자연스럽고 능청맞게 커피 스틱을 쪽 빨아 먹는 이 과장.

32

조충범 자리에 커피 잔을 탁! (박자감 연출 끝) (뭔가 대단한 일이라도 한 것 같은 느낌의 연출)

33

커피를 받아 드는 조충범.

34

한 입 마시고 있는데 갑자기 덜컥 문을 열고 들어오는 정 사장. 조충범은 움찔한다.

35

콧노래를 부르며 들어오다 멈춰 서서 누구냐고 물어보는 정 사장.

자리에서 다급히 일어나 대답하는 조충범. 옆에서 이 과장도 오늘 면접 있었다고 설명.

그럼 지금 바로 면접 보자는 정 사장. 자리가 누추하다는 대사 등.

걸어 들어가면서 이 과장에게 대사.

얼어 있는 채로 서 있는 조충범. 대답하는 이 과장.

41

혼자서 의자를 옮기는 이 과장.

42

멀리서 힐끔 힐끔 보는 정 이사. 핸드폰 게임에 집중.

43

필기구 같은 것들을 들고 착석하는 이 과장과 정 사장.

44

[정 사장이 본인의 인생 얘기를 시작할 때까지 카메라 감독님이 노멀하게 구도 잡아주시면 될 것 같습니다]

45

정 사장이 계속 자기 예전 얘기를 하고 있고 억지로 들으며 버티고 있는 조충범의 모습 클로즈업.

정 사장은 계속 자기 자랑 중. 옆에서 이 과장 입 다물고 몰래 하품 중.

정 사장의 길고 지루한 얘기. 옆에 참고 있는 이 과장과 조충범의 모습 오버랩되는 것으로 편집.

얘기 중 몰래 오른쪽으로 주식 차트를 보는 이 과장. 개떡락 중인 차트.

떡락 중인 차트를 보고 고개를 저으며 "에이 씨" 하는 이 과장. 옆에서는 정 사장이 계속 자기 자랑.

정 사장이 아들 얘기를 마무리하려고 하자 핸드폰을 집어넣고 박수 칠 준비를 하는 이 과장.

51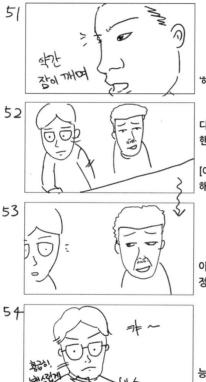

약간
잠이 깨며

'해치웠나…?' 생각하는 조충범.

52

다시 말을 이어가는 정 사장. 집어넣었던
핸드폰을 다시 슬쩍 꺼내는 이 과장.

[이어지는 대화 씬은 감독님이 알아서 촬영
해주시면 됩니다.]

53

이야기가 끝나고 이 과장에게 소감을 묻는
정 사장. 살짝 놀라는 이 과장.

54

흥겁히,
능청스럽게

카~

박수

능청스럽게 핸드폰을 집어넣고 감탄하며
박수 친다.

55

네

"우리 회사 뭐 하는 회사인지 알아요?" 묻
는 정 사장.

56

"자, 무역이 뭐냐!" 힘줘서 훈계하는 정 사장.

57

정 사장이 말하는 와중에 이 과장은 멍때리고 있다.

58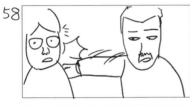

"여기 이 과장!" 하며 이 과장의 어깨를 툭 치는 정 사장. 멍때리던 이 과장, 정신 차린다.

59

군대식으로 "네, 과장, 이 과장!" 하고 코믹하게 행동.

60

뒤돌아보며 정 이사를 가리키는 정 사장. 정 이사는 핸드폰에 한창이다.

61

자기 얘기를 하는지도 몰랐던 정 이사. 게임을 하다가 눈치를 채고 무심하게 쳐다본다.

62

뒤돌아서 뭔가 얘기하려다가 이내 그만두는 정 사장.

[다시 뒤돌아서 대화하는 구도는 감독님이 알아서~]

63

노래가 취미냐고 물어보고 노래를 시키는 정 사장.

64

"여기서요?" 화들짝 놀라는 조충범.

65

"어려운 부탁한 거 아니지?"

66

옆에서 이 과장이 양손을 불끈 쥐며 "아자 아자 파이팅!"

67

분위기 핑계를 대는 조충범. 그 말을 듣자마자 잽싸게 싱크대로 향하는 이 과장.

68

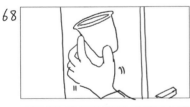

싱크대에서 종이컵 꺼냄.

69

일회용 수저를 터프하게 팍 꽂는 이 과장.

70

"자, 여기 마이크" 얄밉게 간이 마이크를 건넨다.

71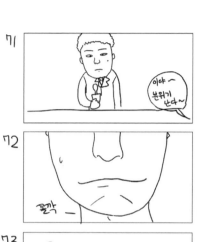

마이크를 받은 조충범. 어쩔 줄 몰라 한다.
그 모습을 보며 부추기는 이 과장과 사장.

72

뭔가 결심을 한 듯한 조충범의 얼굴 클로
즈업. 침 꼴까닥.

73

확 일어나서 무반주로 노래 시작. 즐거워
하기 시작하는 이 과장과 정 사장.

74

잘은 못하지만 심취해서 노래 부르는 조충
범. 최선을 다한다는 느낌.

75

이 과장은 벽 스위치로 가서 불을 껐다 켰
다 하며 리듬에 몸을 맡긴다.

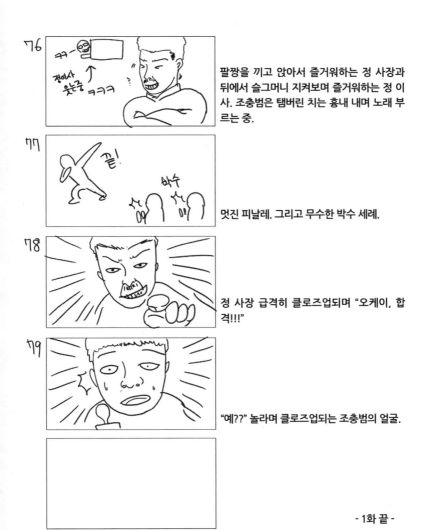

76 팔짱을 끼고 앉아서 즐거워하는 정 사장과 뒤에서 슬그머니 지켜보며 즐거워하는 정 이사. 조충범은 탬버린 치는 흉내 내며 노래 부르는 중.

77 멋진 피날레. 그리고 무수한 박수 세례.

78 정 사장 급격히 클로즈업되며 "오케이, 합격!!!"

79 "예??" 놀라며 클로즈업되는 조충범의 얼굴.

- 1화 끝 -

2화.
좋소기업 첫 출근 절망 편

S#1. 정승 네트워크 사무실 / 아침

단정한 옷차림을 하고 회사에 출근한 조충범. 출근 시간에 맞춰 정시에 출근한다. 문 앞에 문고리를 잡고 선 조충범.

조충범   '개백수 조충범, 스물아홉 살 만에 인생 첫 출근!'(NA)[1]

한 타이밍 쉰 후 문을 열고 들어간다. 사무실에는 이 과장이 먼저 와 있다.

조충범   안녕하십니까~!

이 과장   어이구, 안녕하십니까. 첫 출근하셨네요.

조충범   네, 잘 부탁드립니다.

이 과장   오늘 첫 출근이니까 제가 차근차근 하나씩 알려드릴게요. 일단 앉아 계세요. 자리가… 아, 저기.

조충범   넵.

조충범을 빈자리로 안내하는 이 과장. 책상 앞에는 아무것도 없다.

이 과장   다른 컴퓨터가 망가져서…. 수리 다 되는 대로 자리 다시 정리 해드릴게요.

얘기 도중 정 이사가 출근한다. 일어나서 인사하는 조충범.

조충범   안녕하십니까~!

정 이사   (심드렁하게)네, 안녕하세요~

정 이사는 간단히 인사를 한 후 자기 자리에 가서 앉는다. 첫 출근한 조충범

에게 무관심해 보이는 태도다. 민망하게 서 있는 조충범. 그런 조충범을 이
과장이 부른다.

이 과장   지금 시작할까요? 이쪽으로 와보세요.
조충범   아, 넵.

조충범은 이 과장이 있는 청소 도구함 앞으로 간다.

이 과장   저희 회사는 아침에 오면 격일로 청소를 합니다.
조충범   '청소?'(NA)
이 과장   왜, 영화 보면 식당에서 처음 일해도 설거지부터 시작하잖아요.
          뭐, 그런 거라고 생각하면 돼요.

어설픈 청소 도구함을 열고 낡은 빗자루와 쓰레받기 등을 꺼내는 이 과장.[2]

이 과장   저희가 사무실에는 청소 아주머니가 따로 없어요. 그래서 직원
          들이 돌아가면서 청소해요. 오늘은 저랑 같이 한번 해봅시다.

손가락으로 사무실 파트를 나누며 말하는 이 과장.

이 과장   제가 여기서부터 여기까지 할 테니까 충범 씨가 나머지 그 주변
          해보세요. 청소 전에 문 한번 싹 열고. 자, 빗자루질 하는 법, 팁.

이 과장은 자세를 잡으며 바닥 쓰는 법을 강의한다.

이 과장   (우스꽝스러운 포즈를 잡으며)이게, 빗자루랑 이 팔꿈치 각도

랑 45도를 유지해주고 하면 훨씬 잘돼요.

조충범 (따라 하며)이, 이렇게요?

이 과장 (박수 치며)좋다, 좋다. 자세 나온다. 자, 그런 식으로 바닥 한번 쫙 쓸고 책상 닦으면 돼요. 렛츠끼릿³⁾~

조충범 네.

청소를 시작하는 둘. 정 이사 자리를 청소하려고 하는 조충범. 정 이사 자리는 다른 자리보다 유독 지저분하다. 쓰레기통에 바나나 껍질 등 이것저것 들어가 있는 상황. 근처에 가니 이상한 냄새가 나서 조충범은 코를 슬쩍 막는다.

조충범 '오우 쒯.'(NA)

오직 책상만 물건이 너무 없어서 비어 있는 상황. 정 이사는 핸드폰 게임을 하고 있다가 조충범이 바닥을 쓸려고 하자 말한다.

정 이사 (중얼거리며)아시기리⁴⁾ 좀 떠라 진짜…. (귀찮은 듯)제 자리는 안 해도 돼요.

조충범 아… 알겠습니다.

그렇게 청소를 마친 둘. 조충범이 청소를 마친 후 이 과장이 검사를 한다.

이 과장 어… 충범 씨. 뭐, 다 무난한데, 여기 여기, 요 알로에. 사장님 거라서 쪼끔 더 신경 써서 닦아주세요. 이런 먼지 같은 거~ 아시겠죠?⁵⁾

조충범 예 예, 알겠습니다.

이 과장 청소는 출근 시간보다 15분 먼저 와서 하면 돼요. 그리고….

뭔가 두꺼운 파일철과 조끼를 가져오는 이 과장. 가져온 것들을 조충범 자리에 올려놓는다. 회사 조끼를 충범에게 준다.

이 과장 일단 이거 입으시고. 이건 사무실 키. 그리고 9시 조금 지나서 사람들이 출근했다 싶으면, 이쪽으로 와보세요.

이 과장은 조충범을 라디오 앞으로 데려간다.

이 과장 여기 테이프 요거 누르면….

버튼을 누르는 이 과장. 라디오에서는 국민체조[6] 음악이 흘러나온다. 음악이 흘러나오자마자 자리에서 일어나는 정 이사. 핸드폰 게임에 집중하면서 체조는 거의 하는 둥 마는 둥 한다.

이 과장 아침에 국민체조를 해주면 되는데, (귓속말하듯)지금은 사장님이 안 계시니까… 뭐 대강 하고…. 나중에 사장님 계실 땐 FM으로….
조충범 알겠습니다.

설렁설렁 하는 둘, 뒤에서 더 대충 하는 정 이사. 음악이 꺼지고, 어딘가에서 연습장 같은 책을 꺼내 오는 이 과장.

이 과장 무역 업무 기초 책이에요. 용어나 기본 개념 같은 거 보면서 공부하면 되구요. 오늘은 크게 할 거 없을 것 같으니까, 일단 이거 보고 계세요.

조충범은 받은 책을 쭉 훑어본다. 빽빽하게 무언가 적혀 있고 무슨 뜻인지 통 알 수 없는 내용.

조충범   (살짝 놀라며)아… 이거 다 외워야 되나요?

이 과장   아뇨 아뇨, 그냥 보기만 해요. 나중에 내가 다시 다 설명해줄게요. 내가 지금 다른 일 있어가지고 마저 처리하고 알려줄게요. 아, 혹시 궁금한 거 있으면 지금 물어봐요.

조충범   아…. (조금 생각하다가)혹시… 면접 볼 때 까먹고 못 여쭤봤는데 복지나 휴가 같은 건 어떻게 되나요?

이 과장   복지? 음….

주변을 한번 쭉 훑는 이 과장.

이 과장   저거 전자레인지랑… 냉장고랑… 또…. (고민하며)싱크대도 복지에 들어가나…? 뭐, 맥심 커피 하루에 두 개까지 공짜? 그 정도? 휴가는 저도 잘 모르겠네요…?[7]

조충범   …알겠습니다.

사무실은 다시 조용해진다. 이 과장은 자리로 돌아가 뭔가를 처리하고 있고 정 이사는 여전히 빈둥빈둥 놀고 있다. 조충범은 받은 책을 보고 있다.

조충범   '뭐, 뭔 말인지도 모르겠다…. 언제까지 봐야 되지?'(NA)

뭔가 물어보는 척이라도 해야 잘 보이지 않을까 싶은 조충범은 책을 들고 이 과장에게 다가간다.

조충범   (의욕 없이)그 혹시… 여기 이 CBM은 언제 필요한 건가요?

이 과장   이거요? 아…(고민한다)(바쁜 척하며)제가 나중에 확인하고 알려드릴게요.

조충범   네. '모르는구나.'(NA)

(시간이 흐르고) 점심시간 10분 전. 정 사장이 들어온다.

정 사장   어이~ 식사들 안 했지~? (조충범을 바라보며)어? 출근했네, 상범 씨!

이 과장   (사장을 보며)오셨습니까?

조충범   (일어나며)안녕하십니까! (일부러 강조하며)조·충·범입니다!

정 사장   아이고 아이고, 맞다 충범 씨! 미안미안! 이제 직원 됐으니까 말 놓을게~

조충범   네!

정 사장   자, 그러면~! 충범 씨 입사 기념으로 오늘 점심은 내가 쏜다!

아무 말 없이 옷을 챙기며 일어나는 정 이사. 이 과장도 일어나며 말한다.

이 과장   (틀에 박힌 리액션으로)와우, 알겠습니다! 식사하러 가시죠!

조충범   (나갈 준비를 하며)'원래는 밥을 안 주는구나.'(NA) 네.

S#2. 학교 후문 등산로 / 점심시간

네 명이 학교 후문으로 들어간다. 걸으며 학교 건물을 쳐다보는 조충범.

정 사장	내가 입사 기념으로 맛있는 거 사주는 거야! 웨이팅해서 먹는 맛집 가는 거야!
조충범	예~! '엥… 대학교?'(NA)

S#3. 대학교 구내식당 / 점심시간

구내식당 입구에 들어선 4명. 사람이 없어 한산하다. 메뉴판을 보는 정 사장과 일행.

정 사장	(어리둥절해하며)쓰~읍~ 어어? 오늘 맛있는 메뉴인데 왜 이렇게 사람이 없어?
이 과장	저번 주부터 아마 방학일 겁니다. 오히려 잘됐네요.
정 이사	(신나 하며)오~ 돈가스다!

정 이사는 일행을 남겨놓고 재빨리 먼저 들어간다.

조충범	(실망한 투로)'맛집은 학생식당이었다….'(NA)[8]
정 사장	상범! 내가 사니까 맛있는 거 먹어! 오케이? 내가 다른 데 다 다녀봤거든? 여기만 한 데가 없더라~!
조충범	예! 잘 먹겠습니다! '상범이 누구냐고….'(NA)

각자 메뉴를 받아서 식탁으로 모인 일행.

이 과장, 정 이사

식사 맛있게 하십쇼~(정 이사, 작게)이따다끼마쓰~

조충범	(뒤늦게 재빨리)마, 맛이께 하입쇼~
정 사장	많이들 들어요~

조충범   (수저를 들며)'겨우 학식 사주면서 기대만 잔뜩 시키네. 뭐 얼
마나 맛있다고….'(NA)

정 사장   (조충범에게)어때? 맛있지?

조충범은 아직 먹어보지 못했다.

조충범   (새 돈가스를 입에 대기 전에 대답하며)네, 맛있습니다. '아직 안
먹었다.'(NA)

돈가스를 한 입 베어무는 조충범.

조충범   (놀라며 눈이 동그래지며)'줜내 맛있다!'(NA)

갑자기 엄청 맛있게 먹기 시작하는 조충범. 그 사이 정 이사는 돈가스 한 개
를 해치우고 하나 더 받으러 간다.

정 사장   (당황하며)…야, 정 이사! 하나 더 먹어!?

정 이사   (멀리서)네~

정 사장   저, 이씨…(아까워하며)맨날 두 개씩 처먹어, 저건….

4명은 말없이 계속 먹는다.

S#4. 정승 네트워크 사무실 / 점심 이후 낮

각자 자리에서 조용히 앉아 일하는 직원들. 하릴없이 아까 받은 무역 관련 책을 보는
척 낙서를 하며 시간을 때우는 조충범.

조충범   (시계를 쳐다보며)'하… 시간 진짜 줜내 안 가네, 씨.'(NA)

사무실 시계는 저녁 7시 15분 전을 가리킨다. 컴퓨터로 섯다를 치던 정 사장. 패배했는지 나지막이 마우스를 툭 치며 작게 화를 낸다.

정 사장   (작게 소리 내며)이런 젠장…. 드럽게 안 붙네….(갑자기 조충범 쪽을 보더니)일은 할 만한가, 신입이?

조충범   어… 아직 배우는 중입니다.

이 대화를 들은 이 과장이 뭔가 서류를 탁탁 치고 정리하는 척하며 조충범 옆으로 간다.

이 과장   충범 씨. 오늘 제가 바빠서 신경 못 썼네, 미안해요. 일단 슥 정리하고 퇴근 준비합시다.

조충범   네, 알겠습니다. 저, 근데… 근로계약서 같은 거는 언제 쓰는 건가요?

이 과장   아, 계약서요. 음…. (사장 쪽을 보며)사장님~ 충범 씨 근로계약서 지금 쓸까요?[9]

정 사장   (당황하며)에잉…? 계약서?

조충범   (사장을 보며)정식으로 출근했으니까 필요할 것 같아서요.

정 사장   원래 이런 건 그냥 믿음으로 가는 건데…. 필요해?

조충범   (주저하며)확실히 하는 게 좋지 않을까 싶어서요.

정 사장   (못마땅해하며)뭐… 필요하면 써줘야지. 정 이사가 해줘.

정 이사   제가요?

정 사장   그럼 누가 해, 인마.

정 이사   (귀찮은 투로)네….

정 사장   (일어나며)나 오늘 약속 있어서 먼저 간다!

일동   예, 들어가십쇼~

자기 자리로 조충범을 부르는 정 이사. 냄새가 나는지 약간 인상을 쓰는 조충범. 정 이사는 컴퓨터로 계약서 양식을 찾아보고 있다.

정 이사   이게… 저희가 이런 걸 잘 안 써서… 그냥 제가 써볼게요.

조충범   예… 뭐….

허접하게 계약서를 수기로 작성하는 정 이사. 눈 뜨고 못 볼 수준의 처참한 계약서다. [심각한 계약서 작성]

정 이사   인턴… 3개월이랑… 연봉 얼마 줘야 되지…? 과장님~

이 과장   (다른 일을 하다가)네?

정 이사   신입분 연봉 얼마 줘야 돼요?

이 과장   그건 제가 정하는 게 아닌데….

정 이사   그럼 뭐… 한 2천3백 할게요.

조충범   (당황하며)어, 어, 그… 구직 공고에는 연봉 2천5백이라고 돼 있었는데….

정 이사   (대충 대답한다)그래요? 그럼 인턴 3개월은 2천3백 하고 이후에는 사장님이랑 다시 얘기하시죠.

틀린 부분을 펜으로 찍찍 긋는 정 이사. 계약서를 받아 들고 쭉 훑어 내려가는 조충범.

조충범   '뭐야, 이게! 개판이잖아!!!!'(NA)

—————————— 주 ——————————

1) 원래는 조충범 본인이 독백하는 내레이션으로 기획했습니다. 내부 에서도 제3자의 내레이션보다는 주인공인 조충범이 내레이션을 하는게 더 잘 어울린다는 반응이 많았습니다. 그러나 〈좋좋소〉의 주인공은 조충범 혼자가 아닌 여러 명이 될 수 있고, 조충범이 아예 극에서 배제되는 에피소드도 있을 것이라 판단, 어떤 상황에서도 내레이션이 가능한 누군지 모를 제3자의 내레이션을 넣기로 결정했습니다. 하지만 많은 분들이 내레이션에 대해 상황에 어울리지 않는다는 의견을 주셨고, 저도 그 점이 개인적인 아쉬움으로 남습니다.

2) 영상에서는 청소 도구함의 문짝이 떨어져 있습니다. 이 장면은 전혀 의도하지 않았고, 실제 우리가 빌린 장소의 청소 도구함을 그대로 사용했습니다. 촬영 당시 촬영장에 있던 소품을 그대로 사용한 경우가 많았는데, 그런 것들 중 하나입니다.

3) 이과장 배우의 애드리브입니다.

4) 핸드폰 가챠 게임의 일본어 중 아무것이나 말하라고 배우에게 주문했습니다.

5) 원래는 흔히 사장님들 자리에 있는 난을 놓기로 했습니다. 다만 겨울철에 난을 구하기 어려워 알로에로 대체한 것입니다. 영상에는 그닥 재미가 없어서 생략했습니다.

6) 국민체조 에피소드는 제 경험담입니다. 규모가 꽤 큰 회사에 다닐

때 아침마다 국민체조 하는 것을 보고 충격받았던 기억을 살려 시나리오에 넣었습니다.

7) 이 부분은 이과장 님 유튜브 채널에서 한때 화제가 되었던 영상에서 가져온 내용입니다. 초라하기 짝이 없는 본인 회사의 복지를 허탈하게 얘기하는 모습이 인상적인 영상이었습니다.

8) 학생 식당에서 밥을 사준다는 에피소드는 실제 촬영 장소였던 서울과학기술대학교 로케이션을 조금이라도 활용하기 위해서였습니다. 동시에 정 사장의 짠돌이 마인드를 극대화해보고 싶은 의도도 있었습니다.

9) 근로계약서 관련 에피소드는 저와 이과장 님이 함께 의논해 넣은 이야기입니다. 놀라운 것은 이과장 님도 실제로 6~7년 넘게 중소기업에 다니면서 근로계약서를 한 번도 작성하지 않았다고 합니다. 현실은 소설보다 더 자극적이라는 것을 깨달은 순간이었습니다.

미대 오빠 빠니보틀 감독의 초기 콘티

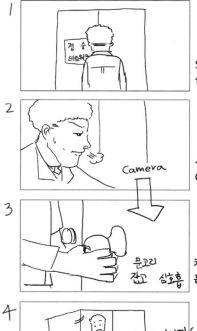

S#1. 정승 네트워크 사무실 / 아침
출근한 조충범. 문 앞에서 약간 긴장한 모습.

심호흡을 하는 조충범. '개백수 조충범, 스물 아홉 살 만에 인생 첫 출근'.

카메라 내려감. 문고리를 잡고 있는 손. 심호흡 후 문을 연다.

적당한 목소리로 들어가서 인사.

먼저 와서 옷 걸고 슬리퍼로 갈아신고 있던 이 과장. 조충범을 보고 인사한다.

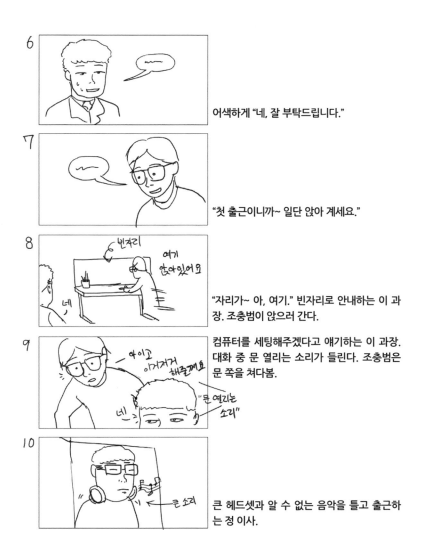

6 어색하게 "네, 잘 부탁드립니다."

7 "첫 출근이니까~ 일단 앉아 계세요."

8 "자리가~ 아, 여기." 빈자리로 안내하는 이 과장. 조충범이 앉으러 간다.

9 컴퓨터를 세팅해주겠다고 얘기하는 이 과장. 대화 중 문 열리는 소리가 들린다. 조충범은 문 쪽을 쳐다봄.

10 큰 헤드셋과 알 수 없는 음악을 틀고 출근하는 정 이사.

11

정 이사에게 인사하는 조충범.

12

한번 힐끗 쳐다보고 자리에 앉으며 무심하게 대답하는 정 이사.

13

민망하게 서 있는 조충범. 청소 도구함 앞에 서 있는 이 과장이 조충범을 부른다.

14

지금 시작할지 묻는 이 과장.

15

조충범 대답.

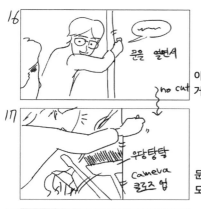

이 과장 옆으로 온 조충범. "식당 일을 해도 설거지 먼저." 그러면서 청소 도구함 문을 연다.

문이 열리자마자 쏟아지는 도구들. 떨어지는 모습을 보여주는 카메라.

물건들을 주우며 말하는 이 과장. "청소 아주머니가 따로 없어서~" 옆에서 조충범도 어리바리하며 줍는다.

청소 범위를 알려주는 이 과장. 구역을 반반 나눈다.

청소 전에 팁을 알려준다는 이 과장.

21

이상한 시범을 보이는 이 과장.

22

우스꽝스럽게 따라 한다.

23

"좋아~ 자, 이제 시작!" 청소를 시작하는 조충범과 이 과장.

24

멀리서 둘이 청소하는 모습.
(길지 않은 시간에 나왔으면)

25

정 이사 자리로 청소하러 온 조충범. 지저분한 쓰레기통과 핸드폰 게임에 열중하고 있는 정 이사.

냄새에 코를 살짝 막은 채 청소하는 조충범.

핸드폰 게임에 집중하다가 청소하는 모습을
본 정 이사. "제 자리는 안 해도 돼요."

치우다가 마는 조충범.

청소 후 경관을 바라보는 둘. (별로 달라진 것
없음)

충범에게 사장님의 식물을 관리해야 한다고
지시하는 이 과장.

31

키와 조끼를 챙기는 이 과장.

32

조끼를 조충범에게 준다. 바로 조끼를 입는 조충범.

33
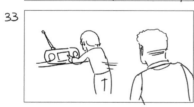
조충범이 조끼를 챙겨 입는 동안 라디오 앞으로 가는 이 과장.

34

카세트테이프의 재생 버튼을 누른다.

35

낮은 음질의 국민체조 음악 흘러나옴. 뒤에서 정 이사는 핸드폰 게임을 한다. 그러다 음악을 듣고 반사적으로 일어난다.

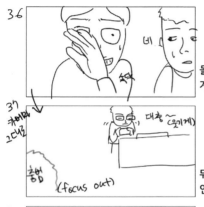

몰래 조충범에게 말하는 이 과장. "사장님 안 계실 때는 대충 해도~"

뒤에서 엉덩이만 씰룩씰룩 하는 정 이사가 보인다.

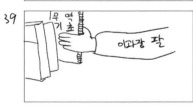

우스꽝스러운 체조 모습 전체 샷.

음악이 페이드아웃됨. 이 과장이 자리에서 책을 하나 꺼낸다.

조충범이 앉아 있는 책상에 무역 기초 책을 가져다준다. 이거 보고 있으라는 이 과장.

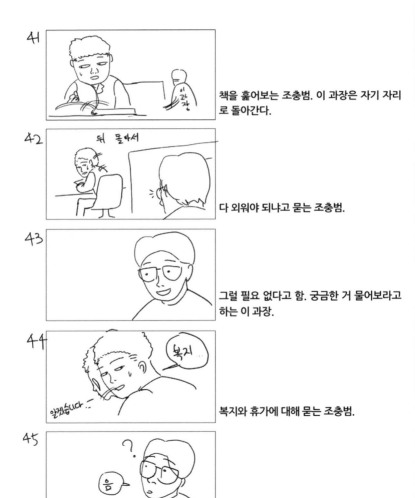

41 책을 훑어보는 조충범. 이 과장은 자기 자리로 돌아간다.

42 다 외워야 되냐고 묻는 조충범.

43 그럴 필요 없다고 함. 궁금한 거 물어보라고 하는 이 과장.

44 복지와 휴가에 대해 묻는 조충범.

45 잠시 생각.

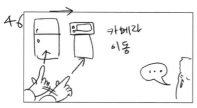

냉장고와 전자레인지, 싱크대 등을 보여준
다.

맥심 커피 하루에 두 개 정도?

쓸쓸하게 웃는 조충범.

조용한 사무실 전경. 정 이사는 게임에 한창.
책을 보는 조충범. 뭔가 작업 중인 이 과장.

책을 보며 생각하는 조충범. '무슨 말인지 모
르겠다.'

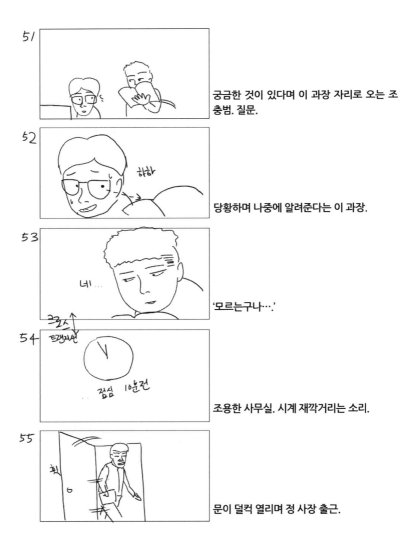

51 궁금한 것이 있다며 이 과장 자리로 오는 조
충범. 질문.

52 당황하며 나중에 알려준다는 이 과장.

53 '모르는구나…'.

54 조용한 사무실. 시계 재깍거리는 소리.

55 문이 덜컥 열리며 정 사장 출근.

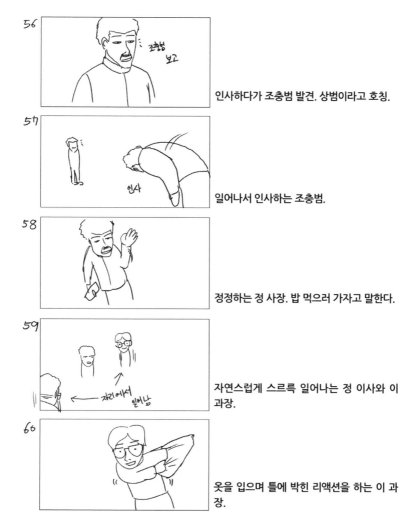

56 인사하다가 조충범 발견. 상범이라고 호칭.

57 일어나서 인사하는 조충범.

58 정정하는 정 사장. 밥 먹으러 가자고 말한다.

59 자연스럽게 스르륵 일어나는 정 이사와 이 과장.

60 옷을 입으며 틀에 박힌 리액션을 하는 이 과장.

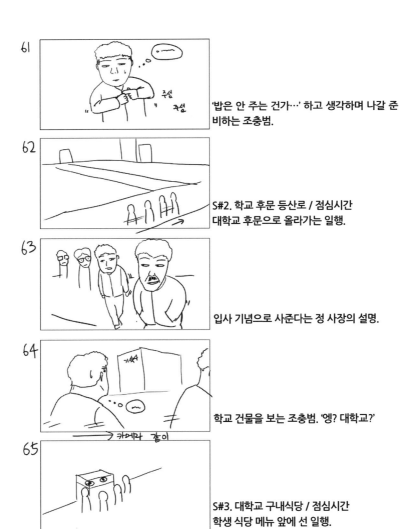

61

'밥은 안 주는 건가…' 하고 생각하며 나갈 준
비하는 조충범.

62

S#2. 학교 후문 등산로 / 점심시간
대학교 후문으로 올라가는 일행.

63

입사 기념으로 사준다는 정 사장의 설명.

64

학교 건물을 보는 조충범. '엥? 대학교?'

65

S#3. 대학교 구내식당 / 점심시간
학생 식당 메뉴 앞에 선 일행.

66

맛있는 메뉴인데 사람이 없다며 의아해하는
정 사장.

67

핸드폰을 하다가 메뉴를 보고 신나서 먼저
들어가는 정 이사.

68

생색내는 정 사장.

69

식당에 하나둘 앉는 일행.

70

"식사 맛있게 하십쇼" 외치는 이 과장, 정 이사.

71

돈가스를 자르며 실망하는 조충범.

72

입에 앙~ 하고 넣으려는 순간 먹기도 전에 맛있냐고 물어보는 정 사장.

73

대답하고 입에 넣는 조충범. 조금 짜증 남.

74

오물오물 먹어봄. 반전으로 맛있어서 놀란다.

75

그 와중에 하나 다 먹고 일어나서 새로 받으러 가는 정 이사. 또 먹냐고 물어보는 정 사장. 대답하는 정 이사.

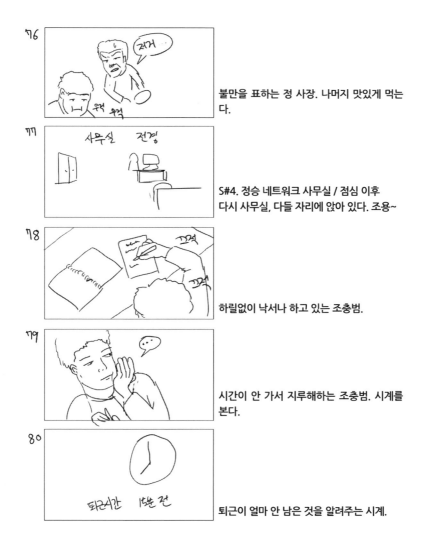

76

불만을 표하는 정 사장. 나머지 맛있게 먹는
다.

77

S#4. 정승 네트워크 사무실 / 점심 이후
다시 사무실, 다들 자리에 앉아 있다. 조용~

78

하릴없이 낙서나 하고 있는 조충범.

79

시간이 안 가서 지루해하는 조충범. 시계를
본다.

80

퇴근이 얼마 안 남은 것을 알려주는 시계.

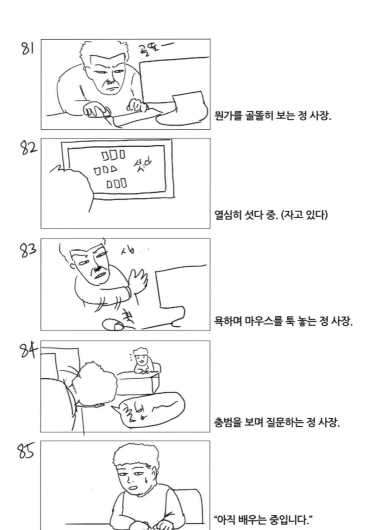

81 뭔가를 골똘히 보는 정 사장.

82 열심히 섯다 중. (자고 있다)

83 욕하며 마우스를 툭 놓는 정 사장.

84 충범을 보며 질문하는 정 사장.

85 "아직 배우는 중입니다."

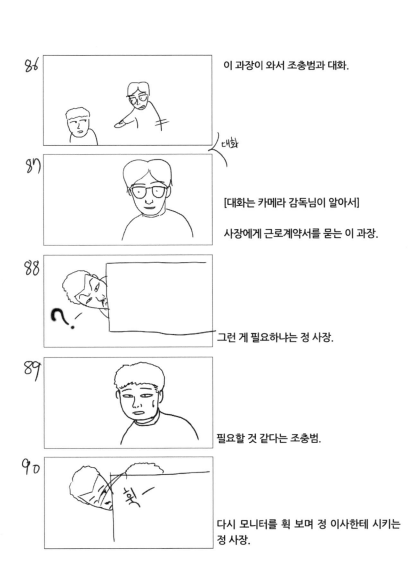

86 이 과장이 와서 조충범과 대화.

대화

87 [대화는 카메라 감독님이 알아서]

사장에게 근로계약서를 묻는 이 과장.

88 그런 게 필요하냐는 정 사장.

89 필요할 것 같다는 조충범.

90 다시 모니터를 휙 보며 정 이사한테 시키는 정 사장.

91

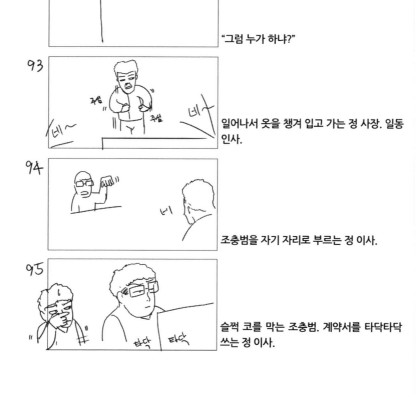

못마땅해하는 정 이사. (귀찮음)

92

"그럼 누가 하나?"

93

일어나서 옷을 챙겨 입고 가는 정 사장. 일동 인사.

94

조충범을 자기 자리로 부르는 정 이사.

95

슬쩍 코를 막는 조충범. 계약서를 타닥타닥 쓰는 정 이사.

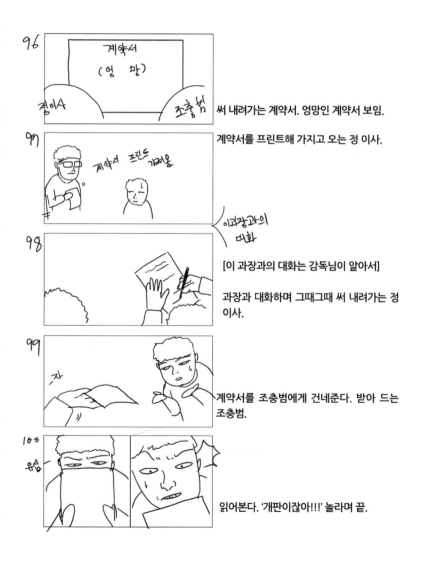

96 써 내려가는 계약서. 엉망인 계약서 보임.

97 계약서를 프린트해 가지고 오는 정 이사.

98 [이 과장과의 대화는 감독님이 알아서]

과장과 대화하며 그때그때 써 내려가는 정 이사.

99 계약서를 조충범에게 건네준다. 받아 드는 조충범.

100 읽어본다. '개판이잖아!!!' 놀라며 끝.

3화.
좋소기업 엘리트

S#1. 정승 네트워크 사무실 / 아침

출근 이틀째. 조충범은 회사에 15분 먼저 나와서 청소를 하고 있다. 그러던 중 누군가가 들어온다.

이미나　　　(들어오면서)안녕하세요.

조충범은 여자의 등장에 살짝 웃으며 설렌다.

조충범　　　'오, 여직원이다!'(NA)(약간 긴장한 투로)안녕하십니까. 새로
　　　　　　　 들어온 조충범입니다.

이미나　　　네, 전 이미나 주임이에요.

이미나가 악수를 청한다. 손을 뻗는 조충범. 조충범이 손을 뻗자 손을 가위로 재빨리 바꾸는 이미나.[1]

이미나　　　(비웃으며)기선 제압.

조충범은 어이없는 표정으로 이미나를 바라보고 이미나는 아무 말없이 자기 자리로 돌아간다. 차례차례 이 과장과 정 이사, 정 사장이 출근한다.

정 사장　　 (인사하는 투로)어이~ (이미나를 보며)어이고! 이 주임 왔구
　　　　　　　 만. 휴가 잘 보냈어?

이미나　　　네, 잘 보냈습니다.

정 사장　　 오케이.

자리로 들어가 앉는 정 사장. 바로 이 과장이 일어나서 조충범에게 간다.

이 과장　충범 씨랑 미나 씨, 서로 소개해드릴게요. 충범 씨, 이쪽은 이미
　　　　나 주임이에요. 우리 회사 엘리트. 그리고 이쪽은 충범 씨예요.
　　　　어제 들어왔고 노래왕이에요, 노래왕.

조충범　(어색하게)안녕하세요.

얘기 도중 이미나 핸드폰에 전화가 온다.

이미나　네, 이미나입니다. (한국식 영어로)오, 하이! 예쓰 예쓰! JS 네트
　　　　워크! 아, 저스트 모멘트!

이 과장　(조충범에게)이 주임이 우리 회사에서 영어 전담이에요. 해외
　　　　관련 업무는 이 주임이 다 해요. 대학생 때 한 달 미국 여행 갔
　　　　다 왔다는데. (고개를 끄덕이며)영어는 역시 현지에서 배워야
　　　　되나 봐.

조충범은 그 얘기를 듣고 이미나를 쳐다본다.

이미나　팔든.(Pardon) (한국식 영어로)위 워 샌드 이메일 투 유.

이미나는 인터넷에서 구글 번역기를 켠다. '선적은 이틀 안에 완료될 것입
니다'를 타이핑한다.

이미나　디스 쉽멘트 윌 비 컴플레티드 인 투 데이쓰(The shipment will
　　　　be completed in two days) (수화기 너머에서 못 알아듣자 다
　　　　시 발음하며)디스 쉽멘트….[2]

못 알아듣자 그냥 스피커에 수화기를 갖다 대고 구글 음성 출력 버튼을 누

르는 이미나.

조충범　　　'대단하다….'(NA)

S#2. 정승 네트워크 사무실, 회의실 대형 / 낮

회의를 하기 위해 직원들이 회의실 책상에 모여 있다. 가운데 있는 사장이 직원들에게 업무 일정을 묻고 있다.

정 사장　　　이 과장이는 그럼 한승해운 건 진행하고 있는 거고?

이 과장　　　네. 그리고 조충범 씨 무역 관련 업무 천천히 알려주고 있습니다.

정 사장　　　(코를 긁으며)무역? 이 과장아, 그거 너무 힘주지 말고 찬찬히 해, 찬찬히.

이 과장　　　예?

정 사장　　　요즘 외부 상황 안 좋아서 수주받는 거 확 줄었잖아. 이제 우리도 다른 먹거리도 준비를 좀 해야 돼. 그 신입이는 무역 쪽 말고 다른 거 시켜볼까~ 하고 있다. 야, 신입아, 너 뭐 프로그램 같은 거 많이 써봤다고 했지?

조충범　　　어… 기초적인 건 할 줄 압니다.

정 사장　　　그게 할 줄 아는 거야, 인마. 우리도 이제! 디지털로 가야 돼, 디지털. 4차 혁명산업!!

이 과장　　　4차 산업혁명입니다.

정 사장　　　(이 과장을 째려보다가)야이… 같은 말이야. 아무튼~! 이 어려운 시대에~ 신입이가 변화의 중심이 될 인재야, 인재. 오케이?

조충범　　　네… 네!

정 사장   오케이. 그리고 정 이사는….

관심 없는 표정으로 정 사장을 쳐다보는 정 이사.

정 사장   (작은 한숨)뭐… 알아서 하고 있지? 됐고. 이 주임, 휴가 갔다
          와서 블라디 쪽 큰 이슈 있었나?

이미나   특별히 없습니다. 아까 전화 와서 선적 완료한다고 했습니다.
          FCL이라서 크게 신경 안 써도 될 것 같아요.

정 사장   그럼 지금 뭐 전체적으로 여유들 있구만. 그러면! 신입도 들어
          왔고, 이 주임도 휴가 복귀한 기념으로 오늘 회식하자. 안 되는
          사람?

정 이사를 제외한 다른 인원들은 살짝 서로의 눈치를 본다.

이 과장, 조충범   없습니다!

정 이사   (화색이 돌며)오늘 뭐 먹어요?

정 사장   오늘은 특별히! 환영회니까 내가 고기 쏜다!

이 과장   (딸랑거리는 투로)야~ 좋습니다.

S#3. 삼겹살 무한리필 고깃집 / 밤

둘러앉은 직원들. 이 과장과 막내 조충범이 고기를 가져와 굽고 있다. 다들 표정이
그냥 그렇다.

정 사장   어잇… 너네 표정 왜 그래? 야, 나 돈 아끼려고 무한리필 온 거
          아냐~ 여기 진짜 맛있어서 온 거야!

정 이사	(중얼대며)에이… 무한리필 고기는 퀄리티 별로인데….[3]
정 사장	(째려보며)야, 불만 있으면 네 돈 주고 한우 사 먹어.
정 이사	(구시렁댄다)한우는 원래 남의 돈으로 먹는 게 국룰인데….
이 과장	사장님, 잘 먹겠습니다.
조충범	잘 먹겠습니다.
정 사장	(삿대질하며)상범! 막내면 말이야, 쏘주 딱~ 시켜가지고!! 빠릿빠릿하게 술잔 좌자작 돌려야지!
조충범	아… 넵!(술을 바로 가져온다)
정 사장	사회생활 처음이라니까 내가 봐주는 거야! 오케이?
이 과장	(옆에서 눈치 주듯)… 사장님, 충범입니다.
정 사장	어? 뭐가? (대수롭지 않게)아~ 이름? 어허이. 미안 미안.
조충범	(술을 따르며)'내가 이름을 바꾸자.'(NA)

조충범은 소주와 맥주를 주문한다. 소주잔을 모두에게 돌리는 조충범.

정 사장	충범! 주량이 얼마나 되나?
조충범	네! 반 병 정도 마십니다!
정 사장	반 병? 자네 여자 친구 있나?
조충범	아직 없습니다.
정 사장	그러니까 없는 거야! 술을 못 먹어서! 여기서 배워.
이 과장	사장님! 모처럼 회식인데 건배사 한번 가시죠.
정 사장	나~? 에이~ 나 말고 이 과장이 해봐.
이 과장	제가 할까요? 아유, 알겠습니다. (자리에서 일어나 잔을 들며) 이번에 조충범 씨가 신입으로 들어왔습니다. 회사에 잘 적응하고 새로운 사업 판로를 개척해 시너지를 내며 함께 발전해나가는 관계를 도모했으면 좋겠습니다! 제가 개처럼 벌어서 선창하

면! 여러분이 정승 같이 쓰자! 후창해주시면 되겠습니다![4]

너무 시끄럽게 한 나머지 주변에 있는 사람들이 정승 네트워크 직원들을 쳐다본다.

이 과장　　개처럼 벌어서!
정 사장　　(함께)정승같이 쓰자!
조충범　　(함께)정승같이 쓰자!

정 이사와 이미나는 작게 웅얼거린다. 뒤에 있던 다른 손님이 불만을 표한다.

손님 1　　아 씨발… 식당 전세 냈나.[5]

다 같이 술을 한잔 마신 후 정 사장이 입을 연다.

정 사장　　크~ 달다~ 신입! 너도 한마디 해봐!
조충범　　(자리에서 일어나며)네!

정 사장과 이 과장, 조충범은 서로 투닥거리고, 정 이사는 숙여서 핸드폰을 보며 혼자 고기에 집중한다. 이미나는 혼자 계속 자작 소맥을 말아 먹는다. 사장의 얘기를 듣다 그 모습을 본 조충범. 아까부터 이미나의 모습에 설레는 조충범은 머뭇거리다 이미나에게 말을 건다.

조충범　　이 주임님… 술 잘 드세요?
이미나　　잘 먹을 것 같아요?(사투리)
조충범　　어… 갑자기… 사투리…. 주임님 경상도 쪽에서 오셨나 봐요?

이미나   아인데? 나 스울 토박인데? 경상도 두 번 가봤다.(술을 마신다)

이 과장이 그 모습을 보고 끼어든다.

이 과장   이 주임님이 술이 좀 들어가면 전국 팔도 사투리가 나와요. 재
            주가 많아요, 아주.[6]

조충범은 어리둥절해한다. 그렇게 술자리는 길어지고, 조충범은 계속 술잔
을 돌리고 이 과장과 함께 정 사장의 훈계를 듣고 있다. 고기 불판은 때가
끼어 더 이상 고기가 올라가지 않고 옆에 술병은 계속 쌓인다. 정 이사는 배
가 부른지 턱을 괴고 졸고 있다. 조충범과 이 과장은 졸린 눈이지만 정 사장
은 끝낼 기미가 보이지 않는다. 이미나는 휘황찬란한 솜씨로 자작을 계속하
고 있다.

정 사장   자 자… 슬슬 여기 정리하고…. 일어나, 다들! 2차 가야지! 뭐
            먹고 싶어?

이미나   (전라도 사투리)아, 뭣 하냐~ 술이 뭣시 이렇게 많이 남았으라
            잉? 아저씨들 장난까요잉?

조충범   '헐?'(NA)

이 과장   아이고, 미나 씨…

정 사장   (당황하며)야… 야… 인마! 너 사장한테 아저씨가 뭐야!

이미나   (사장에게 눈을 부라리며)그람은 머 아재가 아재지, 얼요? 술
            마시자 캐놓고 얼라처럼 찔끔찔끔~ 요실금 걸렸는교?

정 사장   저 저 미친년 또 시작이네…. (이 과장을 획 돌아보며)야, 이 과
            장아 좀 말렸어야지, 인마!

정 이사   (웃으면서)미나상, 기아 세칸도~

이 과장   아이고, 제가 미처 신경을 못 썼네요.

이미나   (손을 크게 휘저으며 술을 따르려고 하며)아, 좀 적시자고잉!!!!

이미나가 손을 크게 휘젓다가 병을 몇 개씩 떨어뜨려서 깨버린다.

조충범   (자리에서 일어나며)아이고!

이 과장   (직원에게 사과하며)어이고, 죄송합니다…. 제가 치우겠습니다.

알바생   (빗자루를 들고 다가오며)아니에요, 저희가 치울게요. 괜찮으세요?

이미나   (알바생에게)야! 학생! 니 몇 살인데 이런 데서 일하노? 니 기~엽네~?(알바생의 볼을 꼬집고 스킨십을 한다)

알바생   저기… 이러시면 안 되는데….

정 사장   저, 저… 에휴, 일단 이 주임 보내.

이미나   (깨진 병을 들고)아저씨, 나 빼고 2차 갈라꼬? 즐~대로 안 되제. 죽어도 같이 죽는 기라!

이 과장   사장님… 오늘은 n차는 힘들 것 같은데요….

정 사장   에이씨… 쭛… 상범! 아쉽지만 오늘은 여기서 파하는 걸로 하고 들어가자.

정 사장은 자신의 카드를 조충범에게 준다.

정 사장   이걸로 계산해.

조충범   네.

카드를 가지고 계산하러 가는 조충범을 정 사장이 뭔가 생각난 듯 멈춰 세

운다.

정 사장 야야! 그거 고깃값이랑 술값 따로 긁어.

조충범 네?

정 사장 우리 술값은 뿜빠이야. 술 먹은 건 각출해야지.

조충범 (황당한 눈빛으로)아… 예.

계산을 하고 온 조충범.

정 사장 어디 보자… 고기가 1인 1만 원이니까 5만 원에… 술은 17병 먹었네. 6만8천 원… 나누기 5는…. (잠시 생각하다가)오케이, 1만4천 원씩 나한테 내일까지 보내. 이미나 일어나면 누가 전달 좀 해주고.

그 모습을 보고 조용히 뒤에서 극혐하는 표정을 짓는 조충범.

정 사장 정 이사! 택시 불러! (정 이사와 나가며)우리 먼저 나간다! 이 주임 잘 챙기고 들어들 가!

식당을 나가는 정 이사와 정 사장. 조충범과 이 과장은 간단하게 정 사장에게 인사를 한다. 둘이 나간 후 고개를 푹 숙이고 있는 이미나에게 조충범이 묻는다.

조충범 이 주임님, 괜찮으신가요….

갑자기 멀쩡하게 고개를 드는 이미나.

이미나	(완전 멀쩡한 목소리로 머리와 옷을 가다듬으며)우와~ 이걸 뿜빠이를 하네~?
조충범	(당황하며)어어?
이 과장	(씨익 웃으며)무한리필집 올 때부터 딱 알겠더라고. (핸드폰을 보며)어이구, 나 아까 미리 잡아놓은 콜택시 벌써 왔네. 저도 먼저 나가볼게요.

일어나면서 이미나에게 한마디 던지는 이 과장.

이 과장	(따봉 하며)이 주임님, 오늘 액션 좋았어요~!
이미나	뭐, 이 정도 가지고.
이 과장	낼 봐요들~

인사를 하며 밖으로 나가는 이 과장과 당황한 얼굴로 굳어 있는 조충범.

이미나	우리도 집에 갑시다. 충범 씨 뭐 타고 가요?
조충범	버… 버스요….
이미나	잘됐네. 같이 가요.

일어나는 두 사람.

S#4. 버스 정류장 / 밤

정류장에서 버스를 기다리는 두 사람. 조충범은 뻘쭘한지 안절부절못하고 있지만 이미나는 언제 취했냐는 듯 멀쩡하게 다리를 꼬고 핸드폰을 보고 있다. 그러다 조충범을 쓱 본다. 조충범은 그런 이미나를 보고 또 부끄러워한다.

조충범   '뭐, 뭐야….'(NA)

이미나   충범 씨.

조충범   네, 네.

이미나   어때요?

이미나의 의도를 알 수 없는 질문에 조충범은 당황한다.

조충범   (당황하며)네, 네? 어… 그….

뜸을 들이는 순간 버스가 한 대 다가온다.

이미나   어, 내 거다. 나 먼저 가요~

일어나다 뭔가 생각났다는 듯 다시 조충범을 보는 이미나. 크게 결심한 듯 들숨을 쉰 후 조충범 얼굴 옆으로 쓱 다가간다. 벌게진 얼굴로 크게 두근두 근거리는 조충범.

조충범   '뭐야… 이거…. 설마 고백???'(NA)

이미나   (속삭이며)충범아… (웃으며)빨리 그만둬.[7]

그리고 이미나는 버스를 타고 가버린다. 동그래진 눈으로 버스를 탄 이미나 를 바라보는 조충범.

똥꼬쇼 [3화 끝]

─────────────────── 주 ───────────────────

1) 이미나 캐릭터는 3화에 와서야 등장합니다. 레퍼런스를 위해 기존 웹드라마를 찾아보던 중, 꽤 많은 드라마가 첫 화부터 외우기 힘들 정도로 많은 인물을 등장시킨다는 것을 알게 되었습니다. 보는 사람들이 서서히 적응할 수 있게 캐릭터를 단계별로 등장시켰고, 남자 시청자가 대다수인 이과장 님의 채널 특성상 여성 캐릭터에 대한 요구가 상당히 있을 것이라 판단, 지루해질 만한 타이밍인 3화에 배치했습니다.

2) 중소 무역 회사에 다닌 지인에게서 직접 들은 실화를 바탕으로 각색한 내용입니다. 개인적으로는 이미나의 업무 능력을 굉장히 인위적으로 보여주려는 의도가 다분한 장면이라 마음에 들지 않는 부분입니다.

3) 쪼잔한 성격의 정 사장을 표현하기 위해 무한리필집에 왔다는 설정을 했습니다. 다만 유튜브 댓글에는 무한리필 고깃집도 괜찮다는 반응이 많았습니다.

4) 실제 영상에서 이 부분은 이과장 님이 애드리브로 내용을 더 재밌게 보충해주었습니다.

5) 감독인 제가 출연한 분량입니다. 원래 제가 하려고 했던 게 아니라, 엑스트라 구할 돈이 없어 제가 직접 출연한 거였는데 걱정했던 것보다 반응이 나쁘지 않았다고(?)생각합니다. 다만 앞으로 연기는 하지 않는 게 좋겠다는 생각이 들었습니다.

6) 실제 영상과 조금 차이가 있는 부분입니다. 사무실이 아닌 외부에

서 긴 촬영을 하는 데 익숙지 않았던지라 많은 내용을 현장에서 놓치고 실수했습니다. 덕분에 기존 시나리오와 차이가 너무 많이 나서 편집할 때 애를 먹었습니다.

7) 이미나는 '이 구역의 미친년은 나야'를 줄인 이름입니다. 이미나의 행동은 누구도 예측할 수 없습니다. 캐릭터를 만든 저조차 이미나가 어떻게 행동할지 감이 잘 잡히지 않을 정도입니다. 그래서 이미나는 기존 콘셉트와 극 후반 콘셉트가 조금 달라졌습니다.

미대 오빠 빠니보틀 감독의 초기 콘티

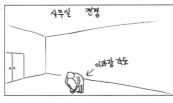

S#1. 정승 네트워크 사무실 / 아침
사무실 전경. 조충범이 청소하고 있다. 이 과장이 알려준 이상한 각도.

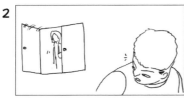

청소 중 이미나가 들어옴. 뒤돌아보는 조충범.

들어오다가 조충범을 발견하는 이미나.

건조하게 인사하는 이미나. 같이 인사하는 조충범.

조충범이 어설프게 자기소개. 살짝 긴장한 모습.

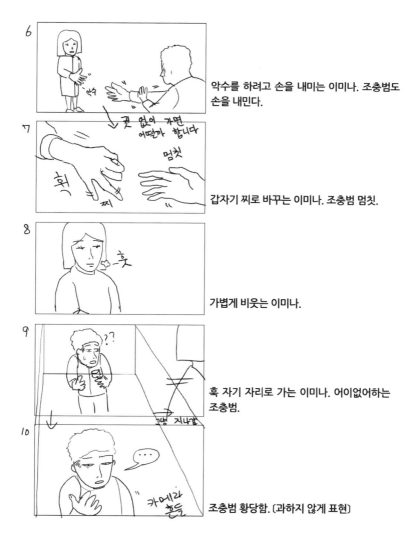

6 악수를 하려고 손을 내미는 이미나. 조충범도 손을 내민다.

7 갑자기 찌로 바꾸는 이미나. 조충범 멈칫.

8 가볍게 비웃는 이미나.

9 흑 자기 자리로 가는 이미나. 어이없어하는 조충범.

10 조충범 황당함. (과하지 않게 표현)

차례차례 출근하는 이 과장, 정 이사, 정 사장.

앉아 있는 어머니를 보고 인사하는 정 사장.

대답하는 이미나.

자기 자리로 가는 정 사장. 충범에게 다가오는 이 과장.

둘을 소개시키는 이 과장. 다시 일어나는 조 충범.

다시 어색하게 인사하고 있는 와중 이미나에게 전화가 온다.

잠깐만 하는 제스처를 취하고 전화를 받는 이미나. 영어로 대답한다.

영어로 통화하는 모습을 보고 있는 이 과장과 조충범.

우리 회사 에이스라는 이 과장의 설명.

이미나를 바라보는 조충범.

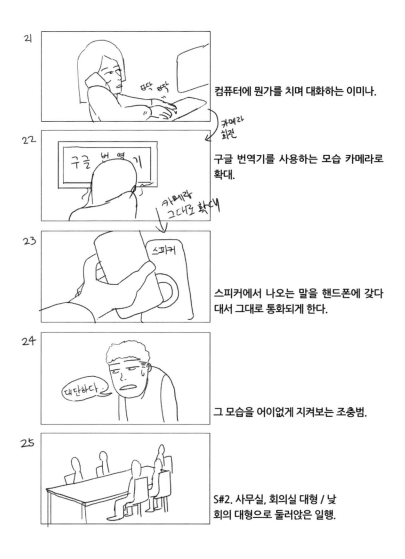

21

딴닥 딴닥

카메라
회전

컴퓨터에 뭔가를 치며 대화하는 이미나.

22

구글 번역기

구글 번역기를 사용하는 모습 카메라로
확대.

카메라
그대로 확대

23

스피커

스피커에서 나오는 말을 핸드폰에 갖다
대서 그대로 통화되게 한다.

24

대단하다

그 모습을 어이없게 지켜보는 조충범.

25

S#2. 사무실, 회의실 대형 / 낮
회의 대형으로 둘러앉은 일행.

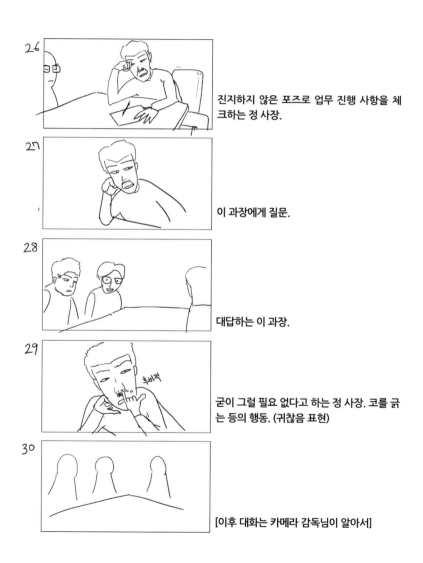

26 진지하지 않은 포즈로 업무 진행 사항을 체크하는 정 사장.

27 이 과장에게 질문.

28 대답하는 이 과장.

29 굳이 그럴 필요 없다고 하는 정 사장. 코를 긁는 등의 행동. (귀찮음 표현)

30 [이후 대화는 카메라 감독님이 알아서]

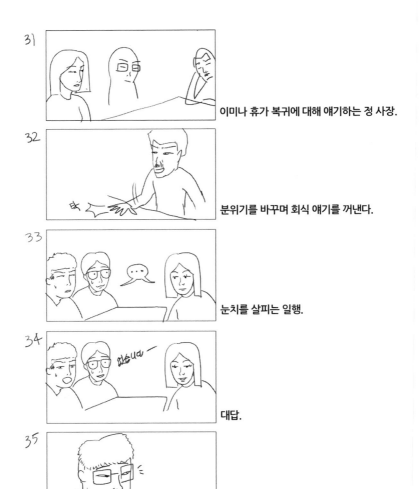

31 이미나 휴가 복귀에 대해 얘기하는 정 사장.

32 분위기를 바꾸며 회식 얘기를 꺼낸다.

33 눈치를 살피는 일행.

34 대답.

35 뭐 먹냐고 물어보는 정 이사.

36

고기를 쏜다고 하는 정 사장.

37

좋아하는 이 과장. 영혼 없는 리액션.

38

S#3. 삼겹살 무한리필 고깃집 / 밤
삼겹살 가게의 바깥 모습을 보여준다.

39

고기를 굽고 있는 조충범.

40

일행의 얼굴을 전체적으로 보여준다. 그저 그
런 표정.

표정들이 왜 그러냐는 정 사장. 진짜 맛있어서 왔다고 주장. 조충범은 계속 고기를 굽고 있다.

투덜대는 정 이사.

"꼬우면 니 돈 주고 사 먹어." 정 이사에게 한마디 한다.

뒤에서 잘 안 들리게 중얼거리는 정 이사. 눈치를 보다 잘 먹겠다고 하는 이 과장.

고기를 굽고 있는 충범에게 술잔을 돌릴 것을 얘기하는 정 사장.

호다닥 뛰어가는 조충범.

술잔을 돌리는 조충범.

[건배사 전까지 대화 씬, 감독님이 알아서]

건배사를 하는 이 과장.

식당 전세 낸 것처럼 쩌렁쩌렁하게 외치는
이 과장.

건배사 선창.

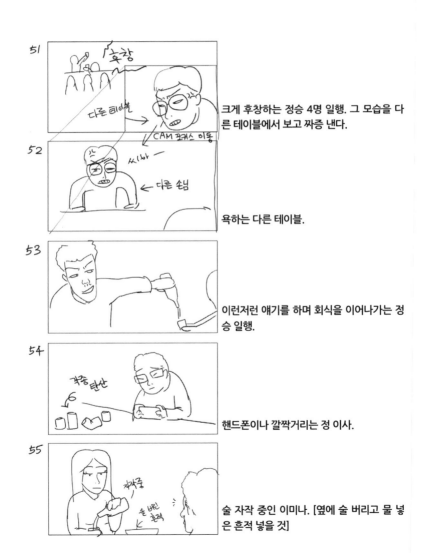

51 크게 후창하는 정승 4명 일행. 그 모습을 다른 테이블에서 보고 짜증 낸다.

52 욕하는 다른 테이블.

53 이런저런 얘기를 하며 회식을 이어나가는 정승 일행.

54 핸드폰이나 깔짝거리는 정 이사.

55 술 자작 중인 이미나. [옆에 술 버리고 물 넣은 흔적 넣을 것]

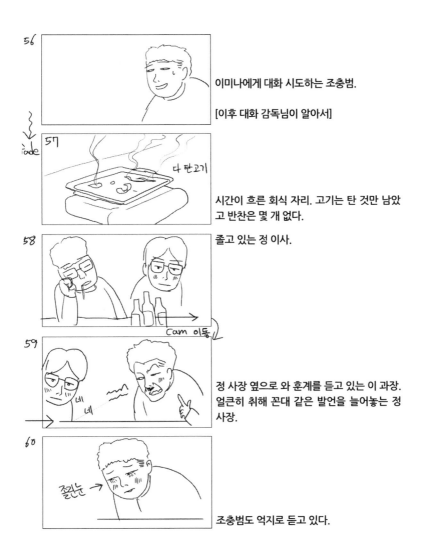

56

이미나에게 대화 시도하는 조충범.

[이후 대화 감독님이 알아서]

57

다 탄고기

시간이 흐른 회식 자리. 고기는 탄 것만 남았고 반찬은 몇 개 없다.

58

졸고 있는 정 이사.

Cam 이동

59

네
네

정 사장 옆으로 와 훈계를 듣고 있는 이 과장.
얼큰히 취해 꼰대 같은 발언을 늘어놓는 정 사장.

60

졸린눈 →

조충범도 억지로 듣고 있다.

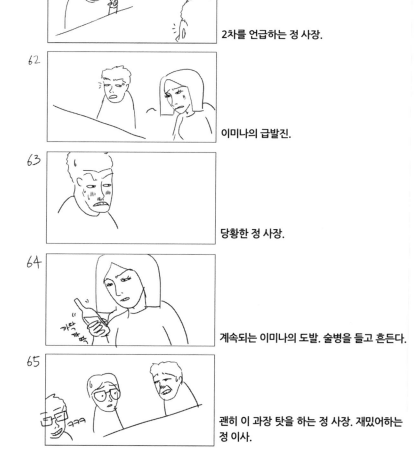

61 2차 —
2차를 언급하는 정 사장.

62
이미나의 급발진.

63
당황한 정 사장.

64 가락 흔듬
계속되는 이미나의 도발. 술병을 들고 흔든다.

65 ㅋㅋㅋ
괜히 이 과장 탓을 하는 정 사장. 재밌어하는 정 이사.

66

흥분해서 일어나는 이미나.

67

옆에 있던 술병이 깨진다.

68

술병이 깨진 것을 보고 다가오는 알바.

69

그런 알바를 만지작대면서 추태를 부리는 이미나. 그런 모습을 보고 있는 정 사장.

70

오늘은 안 될 것 같다고 말한다.

기

계산하라며 카드를 주는 정 사장.

기2

이미나와 이 과장이 투닥거리는 사이 계산을 끝내고 조충범이 온다. 얼마 나왔냐고 물어보는 정 사장.

기3

25만 원 얘기하는 조충범. 놀라는 정 사장.

기4

영수증을 가져가서 본다.

기5

많은 양의 음료수와 술. 쪼잔하게 하나하나 체크하는 정 사장.
[※ 이 부분에서 기존 스토리인 고깃값만 계산하고 나머지 뿜빠이시키는 얘기로 바꾸면 어떨지 의논해보기]

옆에 있던 정 이사가 먹은 음료수 캔을 지적한다.

술 안 먹는다고 눈치 없이 웃는 정 이사.

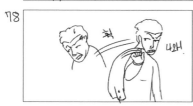

그런 정 이사를 째려보다가 기분이 상했는지 집에 가자며 밖으로 나가는 정 사장.

정 이사와 정 사장 퇴장. 이미나는 술 취한 듯 엎드려 있다. 이 과장과 조충범은 그들에게 인사한다.

엎드려 있는 이미나에게 슬며시 말 거는 조충범.

81

멀쩡하게 일어나는 이미나.

82

놀라는 조충범.

83

핸드폰을 보고 택시가 왔다며 일어나는 이 과장.

84

옷을 챙기고 일어나며 내일 보자고 한다.

85

나가기 전에 드립 좋았다고 따봉. 이미나 응 수해줌.

86

둘을 보며 어이없어하는 조충범. 그런 충범에게 뭐 타고 가냐고 묻는 이미나.

87

"버스요."

88

같이 가자며 일어난다.

89

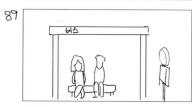

S#4. 버스 정류장 / 밤
버스 정류장에 앉아 있는 두 사람.

90

아직 어색한 자세로 앉아 있는 조충범. 그 옆에서 다리를 꼬고 핸드폰을 하고 있는 이미나.

91

핸드폰을 보다가 갑자기 휙 조충범을 쳐다보
는 이미나.

92

긴장하는 조충범.

93

"어때요?" 하고 물어보는 이미나. 의미를 알
수 없다.

94

자기 어떠냐고 물어보는 줄 알고 긴장 + 뜸
들이는 조충범.

95

그 사이 버스가 온다. (버스가 멀리서 올 때
알아채야 함)

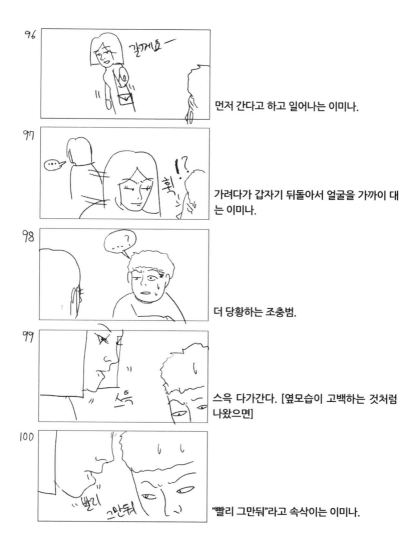

96
먼저 간다고 하고 일어나는 이미나.

97
가려다가 갑자기 뒤돌아서 얼굴을 가까이 대
는 이미나.

98
더 당황하는 조충범.

99
스윽 다가간다. [옆모습이 고백하는 것처럼
나왔으면]

100
"빨리 그만둬"라고 속삭이는 이미나.

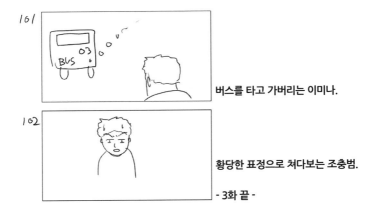

161

버스를 타고 가버리는 이미나.

102

황당한 표정으로 쳐다보는 조충범.

- 3화 끝 -

삼화 · 백구

4화.
좋소기업 첫 야근

본 회에는 유튜버 채코제 님이 카메오로 출연해주셨습니다.

S#1. 정승 네트워크 사무실 / 늦은 오후

조충범이 회사에 출근한 지 꽤 시간이 지났다. 오늘도 할 일 없이 컴퓨터도 없는 책상에 앉아 있는 조충범. 정 사장을 빼고 사무실에는 직원들이 일을 하고 있다.

조충범　　'좋소에 들어온 지 4일 차. 오늘도 딱히 할 일이 없다.'(NA)

책을 보는 척하며 낙서나 끄적대고 있는 조충범. 시계를 보며 퇴근 시간만 기다린다. 퇴근 시간 1시간 전.

조충범　　'1시간 뒤 퇴근…. 오늘도 이렇게 버티는구나….'(NA)

그때 정 사장이 문을 덜컥 열고 들어온다.

이 과장, 조충범　　(작게)다녀오셨습니까~

정 사장　　정 이사! 이 과장! 내일 나랑 피피티 발표 가야 돼! 그리고 이 과장! 오늘 중국 셀러랑 한만해운 쪽 회식 알지? 준비해, 지금! 나가자!

정 이사　　피피티요? 무슨 피피티요?

정 사장　　그 예전에 내가 말한 거 있지? 디지털혁신센터. 차세대 어플 경쟁 피티. 내일인데 원래 해주기로 했던 박 사장 쪽이 뭐 일 터져 가지고못해준대~ 이런~ 씨. 뭐가 터지면 나한테 보고를 해야지…. 이 과장아, 뭐 만들어놓은 거 없냐?

이 과장　　아무래도 무역 업무 외 다른 포트폴리오는 없습니다.

정 사장　　준비가 안 돼 있구만. (신입을 쳐다보며)충범! 학교 다닐 때 피피티 만들어봤나?

조충범　　네, 잘은 아니지만 할 수 있습니다.

정 사장 오케이…. (조충범의 책상을 바라보며)엉? 야, 너 컴퓨터 어딨어?

이 과장 전에 근화 씨가 쓰던 컴퓨터가 망가져서 수리 맡겼습니다.

정 사장 야이… 신입 들어온 지가 언젠데 그걸 아직도 안 고쳐놨어?

조충범 '내 말이….'(NA)

정 사장 충범, 집에 컴퓨터 있나?

조충범 노트북은 있습니다.

정 사장 오케이. 일단 그거라도 가져와. (이 주임을 바라보며)이 주임이가 디자인 잘하니까 충범이 붙어가지고 같이 피피티 좀 내일까지 만들어. 나랑 이 과장은 지금 그 중국 셀러 쪽 저녁 약속 가야 된다.

조충범 뭐…에 대해 만들면 되나요?

정 사장 차세대 어플리케이션. 우리가 어떤 어플을 만들 것이다~ 하는 기획안. 국가 사업 입찰 들어가는 거야. 너 지금 특별히 하는 거 없지? 이 기회에 잘 만들어봐.[1]

조충범 '갑자기 이걸????'(NA)

정 사장 이 과장아, 그 대리 명함 남은 거 있지 않냐?

이 과장 근화 씨 거요?

정 사장 어, 그거. 그거 줘봐.

서랍에서 명함을 꺼내는 이 과장. 사장에게 건네주고 사장은 다시 조충범 책상에 탁 치며 내려놓는다.

정 사장 자! 조충범이! 오늘부터 대리 해! 야~ 멋있다, 조 대리! 초특급 승진!

조충범 (놀라며)대…대리요?

정 사장	(조충범의 어깨를 치며)책임감 있게 일해달란 뜻이야!
조충범	어, 근데… 이미나 주임님이 있는데 제가 대리를 달아도 되나요?
정 사장	엥? 아 그런가? 그럼 이미나도 대리 해! 둘 다 승진!
이미나	(무심하게)네, 감사합니다.
정 사장	이 과장이, 우리는 지금 가야 돼. 나가자고.
이 과장	(짐을 챙기며)네, 알겠습니다.
조충범	(사장이 준 명함을 보며)'다른 사람 명함을 줬다.'(NA)

받은 명함을 황당하게 바라보는 조충범. 이 과장과 정 사장이 나가고, 곧이어 정 이사도 퇴근한다. 이미나가 조충범을 본인 자리로 부른다.

이미나	충범 씨, 이쪽으로 와보세요.
조충범	네.

의자를 끌고 오는 조충범.

이미나	빨리 해치우고 집에 가죠. 어차피 경쟁 피티니까, 디테일 필요 없어요.
조충범	네.

조충범은 얘기하고 있는 이미나를 빤히 쳐다본다.

조충범	'…이렇게 이쁜 사람이 왜 이런 데서 일하지….'(NA)[2]
이미나	어차피 국가 사업 백날 들이받아야 안 될 거 뻔하니까. 사장님 마음에만 들게 하면 돼요…. 보통 공무원들이 좋아하는 피피티

가… 제가 전에 몇번 해봐서 아는데….

이미나는 잘 듣고 있지 않은 것 같은 조충범의 표정을 알아챈다.

이미나 …충범아.

조충범 (정신이 번쩍 들며)…예 …예!

이미나 (작게)ㅆㅂ… 집중해. 대리 달아서 신났어?

조충범 예? 아, 아닙니다, 죄송합니다.

이미나 …아무튼… 사장님 입맛에만 맞추면 되니까 그럴싸하게 하면
          돼요. 저녁 8시까지 각자 리서치하고 다시 얘기하죠. 아직 컴퓨
          터 없으니까 이 과장님 자리에서 작업하세요.

둘은 이런저런 얘기를 끝낸 후 각자 자리로 돌아가 작업을 한다.

S#2. 술집 / 밤

이 과장과 정 사장, 그리고 해외 셀러가 만나서 술을 녹진하게 먹고 있다. 건배하는
세 사람.

정 사장 크~ 아유, 이번에 신입을 하나 새로 뽑았는데 말이죠.

해외 셀러 또 신입? 몇 번째 신입이야~

정 사장 아니, 하도 들어왔다 나갔다 해싸서 아주…. 그래서 이번 놈은
          제가 물건 사고파는 거 말고 다른 거 시켜보고 있어요.

해외 셀러 이야~ 제2의 카카오 되는 거야, 정 사장?

이 과장 혹시 모르죠~ 회사 커지면 저 주식 배당 주십니까, 사장님~?

정 사장 이거 이거 벌써부터 김칫국~

화기애애한 분위기의 술자리.[3]

S#3. 정승 네트워크 사무실 / 밤

작업을 하면서 밥도 먹고, 어느 정도 시간이 흐른다. 리서치 결과 공유를 위해 조충범이 이미나 자리로 다시 간다. 이미나의 컴퓨터에는 업무와 관련 없는 옷 쇼핑몰 페이지가 떠 있다. (인터넷 쇼핑 중)

이미나 조사한 거 같이 봐요.

조충범 네, 저는 일단…. 괜찮은 게 뭐가 있을까 했는데, 기존에 있는 어플을 참고하는 게 좋다고 생각해서 맛집 평가 어플이나… 출산율에 기여할 수 있는 국가에서 공인한 소개팅 어플 같은 걸 해보면 어떨까 했어요.

이미나 음… 1차원적인 생각이네요?

조충범 아… 그런가요? 딱히 다른 건 생각이 안 나서….

이미나 (고개를 끄덕이며)좋아요. 1차원적인 걸 사장님이 좋아할 거예요. 멍청해서 잘 만들어줘도 이해를 못해요.

조충범 아, 그런가요? (웃으며)제가 봐도 사장님 좀 멍청한 것 같더라구요. 꼰대 스타일에다가.

이미나 이런 씨발… 야.

조충범 (당황하며)네… 네?

이미나 내가 사장님 욕한다고 같이 욕하는 게 지금 맞아? 위아래 없네. 군대 안 갔다 왔어요?[4]

조충범 다, 다녀왔습니다…!

이미나 충범 씨 몇 살이에요?

조충범 (약간 군대식으로)스물아홉입니다…!

이미나　(갑자기 웃으며)어! …난 스물일곱인데.

조충범　예… 예?

이미나　(아무렇지 않은 듯이)소개팅 앱으로 가죠. 자료 모은 거 토대로 피피티 한번 만들어봐요. 저는 보충할 자료 한번 더 찾아볼게요.

조충범　아… 알겠습니다. '또라이인가….'(NA)

자리로 돌아가는 조충범. 이미나가 뒤돌아서 조충범을 보더니 웃으며 말한다.

이미나　파이팅!

조충범　…? 파… 파이팅…!

자리에 앉은 조충범. 이상한 표정으로 이미나의 모습을 바라본다. 조충범은 자신의 뺨을 양손으로 한 대 톡 때린다. 조충범이 자리에 앉자 다시 쇼핑몰 사이트를 여는 이미나.

다시 시간은 흐르고, 둘은 이런저런 얘기를 하며 작업을 한다. 시간은 흘러 새벽 2시. 완성된 피피티를 놓고 조충범과 최종 회의를 한다.

이미나　음, 뭐 나쁘지 않네요. 제가 더 추가할 것도 없어 보이는데 이 정도 하고 마무리하시죠.

조충범이 만든 피피티는 엄청나게 촌스럽다. 보노보노 피피티 수준으로 저질이다. 하지만 의외로 이미나의 태클이 없다.

조충범　　(졸린 눈을 비비며)아, 예… 알겠습니다.

S#4. 정승 네트워크 사무실 앞 복도 / 밤
이미나와 조충범은 사무실 불을 끄고 나온다.

이미나　　키, 충범 씨한테 있죠?
조충범　　네.

사무실 문을 잠그는 조충범.

S#5. 퇴근하러 가는 길거리 / 밤
둘은 회사 건물을 나와 길거리를 걷는다.

조충범　　'그래도… 이렇게 이쁜 사람이 있으니까 다닐 만하지 않을까?
　　　　　　좀 또라이 같긴 하지만.' 그런데 이 주임님… 아니, 대리님! 내
　　　　　　일 출근은 몇 시까지 하나요? 오늘 저희 새벽 3시까지 했는데
　　　　　　좀 늦게 와도 되나요?
이미나　　(단호하게 고개를 저으며 짧게)아뇨.
조충범　　(잠시 생각하다)안 되겠죠? 혹시나 해서요….

둘 사이의 어색한 침묵.

조충범　　(조심스럽게)주임, 아니 대리님! 집이 어느 쪽이에요?
이미나　　왕십리요.

조충범   오, 저랑 방향 같으네요. 같이 택시 타면….

갑자기 어떤 사람이 불쑥 끼어든다.

이미나 남친   무슨 회사가 새벽 3시까지 일을 시켜~ 힘들지? 차 저기에 대놨
          어. 가자.

남자 친구와 팔짱을 끼는 이미나.

조충범   (약간 실망한 듯)아… 안녕하세요….
이미나   (말투가 완전 바뀌며)오빠, 이번에 새로 들어오신 분이야. 노래
          왕이래~
이미나 남친   아이고, 저희 미나 잘 부탁드립니다.
조충범   아, 넵.
이미나   충범 씨~ 저희 먼저 갈게요. (뭔가 깨달았다는 듯이)아, 충범 씨
          집 어느 쪽이에요?
조충범   저는 회기요.
이미나   오! 같은 방향이네요!~
이미나 남친   오~
조충범   (다시 약간 기대하며)그, 그렇죠?
이미나   (놀리듯)저흰 차가 있어서 더 빨리 가겠다! 내일 봐요, 충범 씨!
이미나 남친   안녕히 가세요~

팔짱을 끼고 다정하게 차가 있는 곳으로 먼저 가는 둘. 그런 둘을 멍하니 쳐
다보는 조충범.

조충범　　….

그는 그렇게 조용히 택시 앱을 켠다.[5]

———————— 주 ————————

1) 이후 극에서 꽤 중요한 소재가 되는 소개팅 어플의 시작입니다. 초반에는 그런 큰 역할을 의도한 게 아니라, 단순히 사장이 잘 알지도 못하는 분야에 이것저것 손을 댄다는 의도로 넣은 내용이었습니다.

2) 〈종좋소〉에 정통 멜로를 넣을 의도는 절대 없었지만, 회사에서 있을 법한 상황 정도는 표현해보고 싶었습니다.

3) 삭제된 씬입니다. 극 초반이라 단역 배우와 로케이션 섭외 비용 문제로 촬영이 힘들어 생략했습니다. 없어도 크게 관계없는 내용이기에 가능했습니다.

4) 독특한 이미나의 캐릭터성을 부각함과 동시에 요즘 흔히 말하는 '젊은 꼰대'를 표현해보고자 넣은 장면입니다.

5) 잠시나마 설레는 충범의 모습은 예쁜 여성에게 쉽게 호감을 가지는 평범한 20대 남자의 모습을 표현한 것입니다. 실제 제 경험담이기도 합니다.

미대 오빠 빠니보틀 감독의 초기 콘티

4화

S#1. 정승 네트워크 사무실 / 오후
조용한 사무실. 이 과장과 조충범, 정 이사,
이미나가 앉아 있다. 다들 뭔가 타이핑하거나
모니터를 보고 있다.

아직 컴퓨터가 없는 조충범은 전에 받은 무
역 책을 펴놓고 하릴없이 낙서나 끄적이고 있
다. 매우 지루해 보이는 모습. '독백'

시계를 힐끔힐끔 본다. 퇴근 시간 1시간 전.

'오늘도 이렇게 버티는구나….'

6

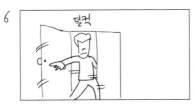

그때 문을 덜컥 열고 정 사장이 들어온다. 이 과장과 조충범, 대충 "다녀오셨습니까?" 인사.

7

정 이사와 이 과장에게 내일 피티 가야 한다고 말하는 정 사장.

8

무슨 피티냐며 묻는 정 이사. 책상 밑으로 폰질 중.

9

의자에 털썩 앉으며 얘기하는 정 사장. 이 과장에게 피피티 있는지 묻는다.

10

대답하는 이 과장.

11

조충범에게 피피티에 관해 묻는 정 사장.

12

대답하는 조충범.

13

그럼 "네가 만들어" 하다가 조충범의 책상에
컴퓨터가 없는 것을 발견하고 묻는 정 사장.

14

전에 쓰던 컴퓨터가 고장 났다는 이 과장.

[이후 평범한 대화 감독님이 알아서]

15

이미나를 보며 말하는 정 사장. 이후 이 과장
에게 명함에 대해 묻는다.

16

서랍을 여는 이 과장.

17

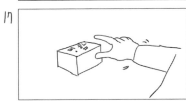

대리 명함을 꺼낸다.

18

정 사장이 일어나서 조충범 자리에 와 있다.
정 사장에게 명함을 건네는 이 과장.

19

조충범 자리에 명함을 탁! 하고 내려놓는 정
사장.

20

조충범의 등을 두드리며 대리를 달아주는 정
사장.

21

이미나는 아직 주임이라고 어필하는 조충범. 눈치를 슥 본다.

22

일하다가 잠깐 힐끔 보지만 크게 신경 쓰지 않는 듯한 이미나.

23

잠시 고민하다가 둘 다 대리를 달아주는 정 사장.

24

영혼 없이 "감사합니다."

25

이 과장에게 회식을 가자고 하는 정 사장. 움직이며 나갈 준비하는 이 과장.

26

받은 명함 하나를 꺼내서 자세히 보는 조충범.

27

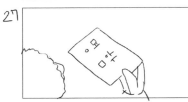

다른 사람의 명함을 받고 어이없어한다.

28

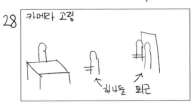

정 사장, 이 과장이 나가고 정 이사도 퇴근하는 모습.

29

정 이사가 퇴근하고 이미나가 자리로 조충범을 부른다.

30

의자를 질질 끌고 오는 조충범.

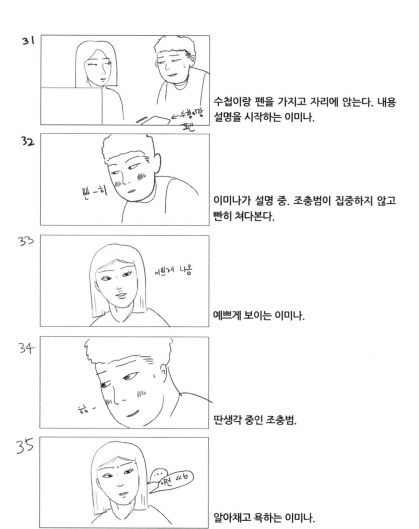

31

수첩이랑 펜을 가지고 자리에 앉는다. 내용 설명을 시작하는 이미나.

32

이미나가 설명 중. 조충범이 집중하지 않고 빤히 쳐다본다.

33

예쁘게 보이는 이미나.

34

딴생각 중인 조충범.

35

알아채고 욕하는 이미나.

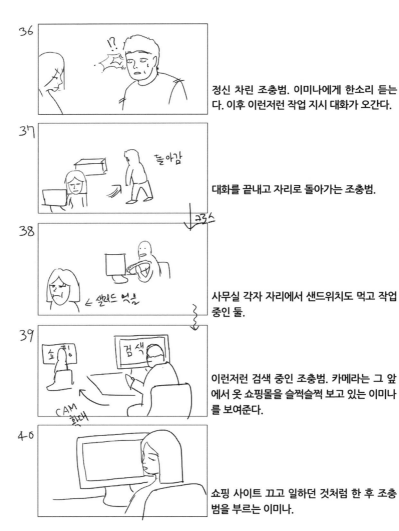

36
정신 차린 조충범. 이미나에게 한소리 듣는다. 이후 이런저런 작업 지시 대화가 오간다.

37
대화를 끝내고 자리로 돌아가는 조충범.

38
사무실 각자 자리에서 샌드위치도 먹고 작업 중인 둘.

39
이런저런 검색 중인 조충범. 카메라는 그 앞에서 옷 쇼핑몰을 슬쩍슬쩍 보고 있는 이미나를 보여준다.

40
쇼핑 사이트 끄고 일하던 것처럼 한 후 조충범을 부르는 이미나.

41

조사한 자료를 가지고 온 조충범.

[이후 대화, 감독님이 알아서]

이미나는 조충범에게 피피티 제작을 시킨다.

42

회의가 끝나고 자리로 돌아가는 조충범. 그런 조충범을 쳐다보는 이미나.

43

이미나의 "파이팅".

44

당황하는 조충범.

45

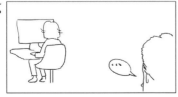

다시 자기 할 일 하는 이미나.

46

혼자 부끄러워하다가 자기 뺨 찰싹.

47

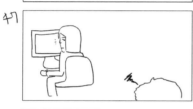

혼자 생쑈를 하고 있는 조충범을 살짝 보는 이미나.

48

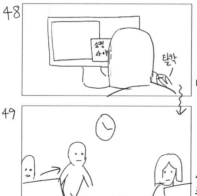

다시 쇼핑몰 사이트를 쓱 띄운다.

49

시간이 흐르고 어느덧 새벽 3시가 되어간다. 조충범을 다시 부르는 이미나.

50

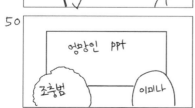

같이 조충범이 제작한 피피티를 본다. 피피티 는 눈 뜨고 봐줄 수 없을 정도로 엉망이다.

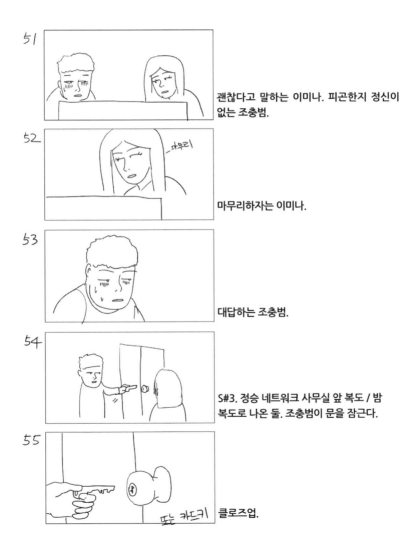

51 괜찮다고 말하는 이미나. 피곤한지 정신이 없는 조충범.

52 마무리하자는 이미나.

53 대답하는 조충범.

54 S#3. 정승 네트워크 사무실 앞 복도 / 밤
복도로 나온 둘. 조충범이 문을 잠근다.

55 클로즈업.

56

S#4. 퇴근하러 가는 길거리 / 밤
같이 걸어가는 이미나와 조충범.

57

무표정으로 걸어가는 이미나를 보며 혼자 생
각하는 조충범.

58

내일 출근 시간을 묻는 조충범.

59

단호하게 대답하는 이미나.

60

어색한 침묵을 유지한 채 다시 걷는 둘.

61

둘이 얘기하면서 걷고 있는데 뒤에서 누군가가 다가옴.

62

이미나의 어깨를 툭 침.

63

이미나의 남자 친구. 차를 가져왔다고 말한다.

64

팔짱을 끼는 이미나. 남자 친구를 보고 살짝 실망한 표정의 조충범.

65

남자 친구에게 조충범 소개.

66

서로 인사한다.

67

먼저 간다고 하다가 집이 어디냐고 묻는 이미나.

68

지역 말함.

69

가깝다고 하는 커플.

70

'혹시 태워주지 않을까?' 하고 내심 기대하는 조충범의 대답.

기

인사만 하고 먼저 휑 가버리는 커플.

72

멀어져가는 커플을 바라보는 조충범의 뒷모습.

73

추워서 나는지 슬퍼서 나는지 모를 눈물이 살짝 나는 조충범. 계속 바라본다.

74

쓸쓸히 핸드폰으로 택시 앱을 켜는 조충범.

- 4화 끝 -

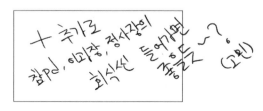

5화.
고통받는 좋소 신입

본 회에는 유튜버 캡틴따거 님이 카메오로 출연해주셨습니다.

S#1. 길거리 / 아침

내리쬐는 햇살, 새들의 지저귐이 들려온다. 조충범이 채 마르지 않은 머리로 길거리로 나오며 빠른 걸음으로 걷는다. 핸드폰으로 시계를 확인하는 조충범.

조충범　　　'늦었다. 40분 늦었다.'(NA)

다시 걸음을 재촉하는 조충범.

S#2. 정승 네트워크 사무실 / 오전

조충범이 크게 서두르지 않고 사무실 문을 열고 들어온다. 들어왔지만 다들 크게 신경 쓰지 않는 분위기. 이 과장이 앉아 있는 책상 앞으로 가는 조충범.

조충범　　　(죄지은 듯)죄송합니다, 과장님. 늦잠 잤습니다.
이 과장　　　괜찮아요. 어제 새벽 3시까지 일했다며. 다행히 출근했네. 난 또 도망간 줄 알고….
조충범　　　(못 알아들은 듯)예?
이 과장　　　(멋쩍게 웃으며)아뇨, 아뇨. (조충범의 어깨를 두들기며)충범 씨, 고마워요.
조충범　　　아… 네….
정 사장　　　(다리를 떨며, 마우스를 깔딱거리며)이 대리! 어제 피피티 준비한 거 좀 보자! 다 모여봐!
이미나　　　알겠습니다.

자료를 가지고 모인 일행. 자료를 클릭해 피피티를 열어보려는 정 사장.

정 사장 아니, 이거 뭐야… 파일이 안 열리는데…. 야, 이거 왜 이래?

이미나 (대신 마우스를 잡고 해결해주며)여기 '확인'을 클릭하시면 됩니다.

정 사장 (짜증 내며)이런 건 좀 미리 되게 해놔야지….[1]

같이 피피티를 살펴보는 일행. 누가 봐도 너무나 구린 내용을 찬찬히 훑어보고 있다.

정 사장 소개팅 앱…? 뭔데, 이게?

이미나 출산율이 국가적 문제잖아요. 나라에서 커플을 장려해서 출산율을 높일 수 있는 어플을 만드는 거죠. 기존 것들은 너무 자극적이고 악용 사례가 많다는 식으로 발표하면 어떨까 해서요.

정 사장 (팔짱을 끼고 뒤로 등을 받치며)쓰읍… 글쎄…. 정 이사, 이거 되겠냐? 너 소개팅해봤어?

정 이사 (고개를 저으며)아뇨. 미연시는 해봤어요.

정 사장 미연시? 뭐야, 그건… 국수야? 쯧. 뭐. (이미나를 보며)이미나가 나보다야 트렌드에 빠르니까 잘 알겠지. 발표할 때 쓸 스크립트는?

이미나 그건 따로 안 만들었습니다.

정 사장 (짜증을 내며)어떻게 일을 시키면 진짜 그거 딱 하나만 하냐?

이미나 (크게 신경 안 쓰듯)죄송합니다.

정 사장 유도리 있게 좀 하자. 충범, 옆에서 귀띔 좀 해야지. 일 하루이틀 해? 대리 달았으면 대리답게 해야지.

조충범 (고개를 들며 억울한 듯이)'…오늘 5일째인데….'(NA) 죄송합니다.

정 사장의 길고 지루한 갈굼이 이어진다.

정 사장   사람이 100의 일을 시켰다고 딱 100만 해 오면? 다음부터 그
                사람한테 또 일을 시키겠어? 100을 줬을 때 150을 해줘야! 그
                사람을 신뢰해서 더 많은 일을 시키지! 내 일이다! 주인 의식을
                가지고 좀 하자, 이거야! 우리 회사에서 일하려면 그 정도 센스
                가 있어야 돼~ 그거 못하면 어디 가도 나가리야, 요즘 세상엔~

정 이사는 듣지 않고 있고, 이미나는 머리를 비운 듯 멍하니 듣고 있다.
조충범은 얘기를 들으면서 무언가 결심한 듯 주먹을 불끈 쥔다.[2]

S#3. 담배 피러 가는 길 / 점심시간

회사 일행이 같이 점심을 먹고 나오고 있다. 정 사장은 이쑤시개로 이를 쑤시고 있
다.

이 과장   저기 된장찌개 맛이 오늘 좀 변한 것 같은데….

정 이사   나루호도…. 나만 그렇게 생각한 게 아니었군….

이미나   초심 잃은 거죠.

정 사장   (핸드폰을 보며)정 이사, 이 과장이. 3시까지 가는 거 알지?

이 과장   (함께)네.

정 이사   (함께)네.

정 사장   이 과장아, 담배나 좀 피자. (주머니를 뒤적거리며)뭐야, 담배
                없나? 아이씨… 담배 있는 사람?

이 과장   아이고, 저도 없네요.

정 사장   이미나는?

이미나 (주머니에서 전담을 꺼내며)전담인데 피실래요?[3)](작게 웃으며)간접 키스….

정 사장 아유, 그랬지. 에이씨….

조충범 (낮은 톤으로 비장하게)제가 사 오겠습니다.

정 사장 어… 그래? 오케이. (지갑을 꺼내 돈을 건네며)에쎄 두 갑.

조충범 (돈을 받고 돌아서서)알겠습니다.

조충범은 돈을 받아서 다른 곳으로 가고 일행은 담배 피는 골목에서 기다린다.

S#4. 흡연하는 골목길 / 점심시간

시간이 조금 더 흐른다. 하염없이 기다리는 일행. 추워서 발을 동동 구르는 장면도.

정 사장 야, 얘 왜 안 와?

이 과장 이상하네… 전화도 안 받고….

이미나 (의미심장하게)추노했네.[4)]

이 과장 제가 한번 가볼게요.

이 과장은 빠른 걸음으로 전화를 걸며 편의점으로 향한다.

S#5. 편의점 앞 / 낮

이 과장이 편의점 앞에서 두리번거린다. 계속 받지 않자 전화를 그냥 주머니에 넣어 버리는 이 과장.

이 과장　　이상하네…. 담배 살 데가 여기밖에 없는데….

여기저기 골목길을 살피지만 조충범의 모습은 보이지 않는다. 그때 저 멀리서 음료수를 마시며 신호를 기다리는 조충범을 발견하는 이 과장.

이 과장　　오! 저기 있다!

신호등까지 달려가는 이 과장. 조충범은 회사 조끼를 한 손에 들고 기다리고 있다가 그런 이 과장의 모습을 발견한다.

이 과장　　충범 씨!
조충범　　(놀라며)아니… 미친!!!

조충범을 추격하는 이 과장. 둘 다 그렇게 빠르지는 않지만 온 힘을 다해 뛴다. 힘이 달리는 이 과장은 중간에 누군가의 킥보드를 발견한다.

이 과장　　(킥보드 주인에게)죄송합니다, 잠깐만 빌릴게요!
킥보드 주인　　(과자를 먹다가 놀라며)어? 뭐야, 씨발!!!![5]
이 과장　　(앞에서 발로 차며 가다가 뒤돌아서)이거 뭐 눌러야 앞으로 가요?
킥보드 주인　　(무의식적으로)그 오른쪽 버튼… 뭐야, 아이씨, 야, 도둑 새꺄!!!!

3명의 추격전. 너무 오래 뜀박질을 한 조충범은 힘든 나머지 하수구에서 멈춰서 구토를 하고, 결국 이 과장에게 잡힌다. 킥보드 주인도 이 과장을 잡는다.

킥보드 주인 아저씨 뭐예요, 지금???

이 과장 (지갑에서 2만 원을 꺼내주며)죄송해요, 급해서 그랬어요, 급해서.

2만 원을 받고 급 흥분을 가라앉히는 킥보드 주인. 얼굴에 살짝 미소가 떠오른다.

킥보드 주인 아니, 미리 말씀을 하시지….

갈 길을 가는 킥보드 주인. 구토하는 조충범 등을 토닥여주는 이 과장.

조충범 (반쯤 실성한 상태로 입을 닦으며)잠깐만요, 과장님! 죄송해요, 솔직히 다니기 싫어요! 새벽 3시까지 야근했는데 사장 지랄하는 것도 빡치고! 아침에 국민체조 하는 것도 쪽팔리고! 도망간 거는 죄송한데, 진짜 못 다니겠어요!

이 과장은 그 와중에 조충범의 회사 조끼를 가져간다. 안에 들어 있는 카드키를 꺼내는 이 과장.

이 과장 여기 있다!

조충범 (눈이 동그래지며)어?

이 과장은 실랑이를 끝내고 옷을 가다듬으며 키와 조끼를 챙기고 조충범에게 말한다.

이 과장 충범 씨, 다 이해합니다. 고생 많았구요, 좋은 데 취직하길 바라요. 사장님한테는 내가 잘 얘기할게요.

이 과장은 악수를 청한다. 얼떨결에 악수를 받는 조충범.

조충범　　끄… 끝이에요?

이 과장　　뭐… 그만두는 거 아니었어요?

조충범　　마… 맞는데….

이 과장　　(웃으며)또 뽑아야죠, 뭐. 사무실 키 이거 하나라서….

갈 길을 가다가 다시 돌아서는 이 과장.

이 과장　　아, 그리고! 사장님이 주신 돈은요?

조충범　　아… 그거 음료수 하나 사 먹었는데….

이 과장　　잉? 그럼 그거 계좌로 쏴주세요. 국민 30223…. 에이 그냥 문자
　　　　　　로 보내줄게요.

조충범　　아… 네…. 죄송합니다….

조충범은 멀리 걸어가는 이 과장을 바라본다.

S#6. 조충범의 자취방 / 낮

조충범이 터벅터벅 들어온다. 게임 중인 룸메이트는 조충범을 보고 의아해한다.

룸메이트　　뭐야, 이 시간에…? 조퇴했어?

조충범　　아니. 때려쳤다.

룸메이트　　이야~ 5일 버텼네~ 신기록~?

조충범   여물어.

룸메이트   (비꼬며)장기 근속했네~? 돈은 준대?

조충범   …월급날 주지 않을까?

룸메이트   5일 치 받게?

조충범   그럼, 안 받아?

룸메이트   그럼 다시 회사 찾아가야겠네? 오~ 꿀잼각~!

S#7. 정승 네트워크 사무실 / 낮

조충범이 없는 정승 네트워크 사무실에서는 크게 달라진 것 없이 각자 앉아서 일을 하고 있다. 이 과장이 재차 구인 구직 공고를 복사 붙여 넣기 하고 있다. 조충범의 자리는 조충범이 가져온 노트북과 함께 정리돼 있다.

이 과장   구인 구직 공고, 전에 걸로 다시 올렸습니다, 사장님.

정 사장   오케이. 어떻게 요즘 애들은 이렇게 끈기가 없냐. 뭐 좀 가르칠
            만하면 그만두고… 배울만 하면 그만두고….

그때 이 과장의 핸드폰으로 메시지 하나가 온다. 확인해보는 이 과장. 조충범이 5일 치 일한 돈을 달라고 하는 문자가 와 있다. 눈이 동그래지며 놀라는 이 과장.[6]

좋좋소
[5화 끝]

——————————————— 주 ———————————————

1) 이 장면은 실제로 겪은 일입니다. 피피티 파일 하나 열 줄 모르면서 고위직에 앉아 높은 임금을 받아가며 유능한 아래 직원에게 짜증을 내는 직장 상사를 보며 황당해했던 일화를 〈좋좋소〉를 통해 꼭 표현해보고 싶었습니다. 다만 의도했던 것과 달리 임팩트가 크지 않은 것 같아 아쉽습니다.

2) 충범도 마냥 정직하고 성실한 인물은 아닙니다. 입사 며칠 만에 그만둘 생각을 한다는 것은 그만큼 끈기가 없다는 걸 의미합니다. 제 이야기입니다.

3) 실제로 이미나 역의 김태영 배우는 흡연을 하지 않습니다. 그래서 이후 흡연 씬은 이미나가 담배를 끊었다는 설정으로 변경했습니다. 배우와 충분한 얘기를 나눠 변경했지만 약간의 아쉬움으로 남습니다.

4) 추노는 중소기업 관련 밈에서 널리 쓰이는 단어입니다. 모종의 이유로 정식으로 통보하지 않고 그냥 도망가버리는 행위를 뜻하며 아르바이트 관련해서도 많이 사용되는 단어입니다.

5) 감독인 제가 출연하는 장면입니다. 딱 이 정도 분량의 역할이 재밌다고 판단해 넣은 장면입니다.

6) 처음 〈좋좋소〉를 기획했을 때는 5화에서 끝내려고 했습니다. 다만 〈좋좋소〉가 흥행하면 이야기를 더 끌어가도 좋겠다 싶어, 5화의 마지막을 열린 내용으로 끝냈습니다. 그대로 끝나도 되고, 이야기를

더 만들어나가도 되는 이중적인 형태의 결말입니다. 내부적으로 〈좋
좋소〉의 흥행은 아무도 예상하지 못했고, 1화 편집본 시사회도 반응이
별로 좋지 않았습니다. 그래서 초반에는 15만 회 정도로만 목표 조회
수를 설정했습니다. 하지만 이후 실제로 업로드했을 때 조회 수가 훨씬
많은 것을 보고 모두 놀랐습니다.

미대 오빠 빠니보틀 감독의 초기 콘티

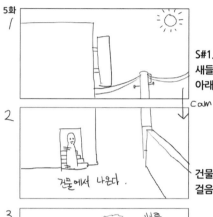

5화

S#1. 길거리 / 아침
새들의 지저귐이 들려온다. 카메라 하늘에서 아래로 이동.

건물에서 조충범이 걸어 나온다. 약간은 빠른 걸음새.

빠른 걸음으로 걸으며 시계를 확인한다. (지각했지만 너무 늦어서 그다지 서두르지 않는 정도)

핸드폰으로 시계를 확인하며 생각. '40분 늦었다…' 이미 빨리 가는 것은 포기한 조충범.

S#2. 정승 네트워크 사무실 / 오전
덤덤하게 사무실 문을 여는 조충범.

이 과장이 뒤를 돌아본다. 정 이사와 이미나는 힐끗 보지만 크게 신경 쓰지 않는 분위기. 이 과장은 조충범을 보고 화색이 돈다.

지각 사유를 설명하는 조충범. 변명도 안 하고 구구절절하지 않다.

오히려 반기는 이 과장. 도망가지 않아서 다행이라고 말한다.

놀라는 조충범.

그런 조충범을 툭툭 치며 위로하는 이 과장.

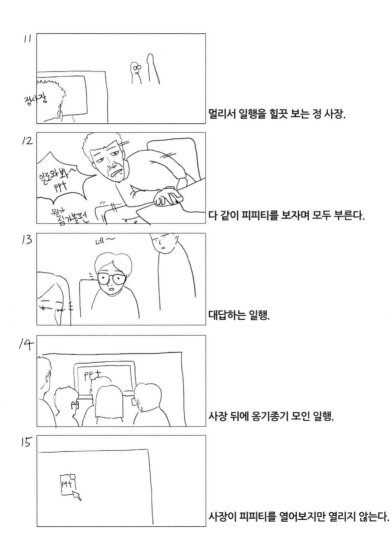

멀리서 일행을 힐끗 보는 정 사장.

다 같이 피피티를 보자며 모두 부른다.

대답하는 일행.

사장 뒤에 옹기종기 모인 일행.

사장이 피피티를 열어보지만 열리지 않는다.

짜증을 내는 정 사장.

이미나가 마우스를 빼앗아서 대신 해준다.

쪽팔린지 더 짜증 내는 정 사장. 은근 표정으로 비웃는 이미나.

다 같이 피피티를 보고 있다. 촌스럽고 엉망인 피피티.

이게 뭐냐고 묻자 잘 설명해주는 이미나.

21

썩 마음에 안 드는 눈치인 정 사장. 정 이사에게 질문.

22

미연시 대답. (한심해 보이게)

23

다시 이미나에게 질문. 이미나 대답.

24
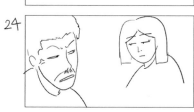

스크립트 준비 안 된 것으로 갈구기 시작하는 정 사장. 아까부터 심기가 안 좋았는데 핑곗거리 찾아서 뭐라고 하는 느낌.

25

조충범에게 불똥 튐.

26

혼나는 조충범.

27

아예 뒤돌아서 갈구기 시작.

28

전체 갈구는 중

정이사
자개 일 아니라는 듯

정사장

어휴...

얼굴이 어두운 조충범. 자기 일 아니라는 듯 한 정 이사. 혼나는 '척'하는 이미나. 난감해하는 이 과장. 혼자 주절주절 꼰대 짓 하는 정 사장.

29

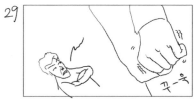

꾸ㅡ욱

뭔가 결심한 듯 주먹을 꽉 쥐는 조충범의 주 먹 클로즈업.

30

길거려...

S#3. 담배 피는 골목길 가는 길거리 / 낮 길거리에서 걷고 있는 일행.

31

점심을 먹고 나오는 일행. 이쑤시개로 이를 쑤시는 정 사장. 방금 먹고 나온 식당에 대해 얘기하는 일행.

32

핸드폰으로 시계 확인하는 정 사장. 3시에 회의 있음을 알림.

33

담배나 피자는 정 사장. 담뱃갑을 확인해보지만 담배는 없다.

34

다른 일행에게 담배 있는지 묻는 정 사장. 이 과장 없음.

35

이미나는 전담을 꺼낸다. 농담을 던지는 이미나.

36

짜증 난 정 사장. 그때 조충범이 자기가 사 오 겠다고 한다.

37

담배를 사 오라며 지폐를 건네는 정 사장.

38

마치 다시는 안 볼 것처럼 돈을 받고 뒤돌아 서 담배를 사러 가는 조충범.

39

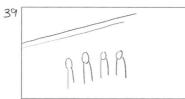

S#4. 흡연하는 골목길 / 점심시간
담배 필 만한 으슥한 골목길 안쪽에서 일행이 조충범을 기다리고 있다. 추워서 발을 동동 구르는 모습도.

40

왜 이렇게 안 오냐는 정 사장. 전화를 걸어보 는 이 과장. 물론 받지 않는다.

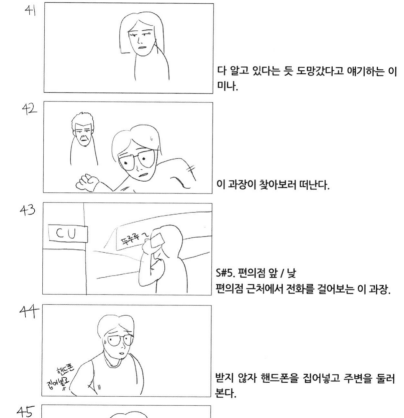

41

다 알고 있다는 듯 도망갔다고 얘기하는 이미나.

42

이 과장이 찾아보러 떠난다.

43

S#5. 편의점 앞 / 낮
편의점 근처에서 전화를 걸어보는 이 과장.

44

받지 않자 핸드폰을 집어넣고 주변을 둘러본다.

45

그러다가 멀리서 무언가를 발견.

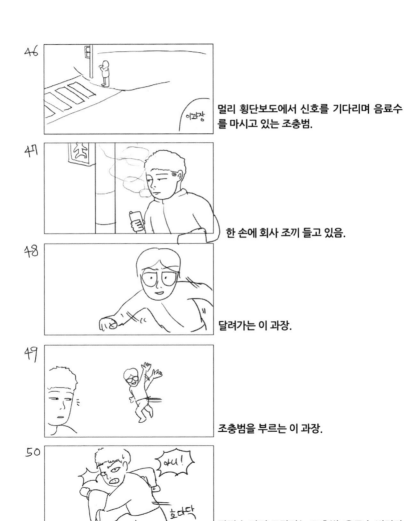

46
멀리 횡단보도에서 신호를 기다리며 음료수를 마시고 있는 조충범.

47
한 손에 회사 조끼 들고 있음.

48
달려가는 이 과장.

49
조충범을 부르는 이 과장.

50
깜짝 놀라며 도망가는 조충범. 음료수 버린다.

51

추노를 시작하는 두 사람. 긴장감 있는 브금.

52

체력이 달리는 이 과장. 잠깐 멈춰 선다. 멈춰 선 벤치에선 한 구경꾼이 아이스크림을 먹으며 무슨 일인가 하고 구경 중.

53

킥보드를 발견한 이 과장.

54

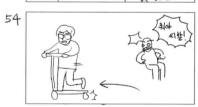

잠깐 빌린다는 이 과장. 가만히 있다가 봉변 당하는 킥보드 주인.

55

킥보드를 발로 팅기며 가다가 뒤돌아서 이거 뭐 눌러야 앞으로 가냐고 묻는 이 과장.

56

킥보드 주인, 자기도 모르게 설명해줬다가 아차 싶은 후 다시 쫓아간다.

57

너무 오래 뛰어서 지친 조충범. 속이 안 좋아 보인다.

58

잠깐만 멈춰보라며 킥보드로 쫓아가는 이 과장.

59

욕하며 계속 쫓아오는 킥보드 주인.

60

도저히 뛸 힘이 없자 멈춰 서는 조충범. 뒤의 두 사람도 차례차례 멈춰 선다.

61

헛구역질을 하는 조충범. 멈춰 서서 등을 토닥여주는 이 과장. 킥보드 주인이 화가 나서 다가온다.

62

이 과장의 옷을 끌어당기며 따지는 킥보드 주인.

63

금융 치료.

64

급격한 태세 전환으로 돈을 챙기고 킥보드를 타고 떠난다. 다시 조충범을 챙기는 이 과장.

65

정신이 반쯤 나간 채로 이 과장에게 쏘아붙이는 조충범. 다 이해한다는 듯한 이 과장의 표정.

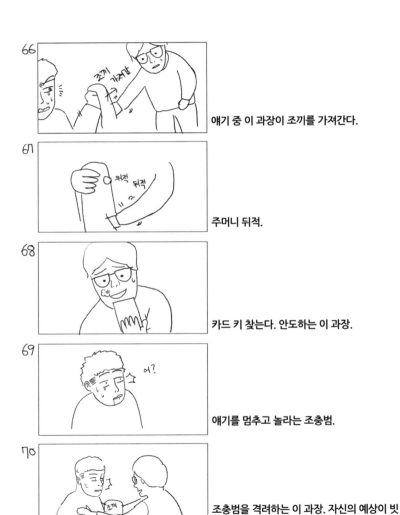

66 얘기 중 이 과장이 조끼를 가져간다.

67 주머니 뒤적.

68 카드 키 찾는다. 안도하는 이 과장.

69 얘기를 멈추고 놀라는 조충범.

70 조충범을 격려하는 이 과장. 자신의 예상이 빗나가자 힘들면서도 당황하는 조충범.

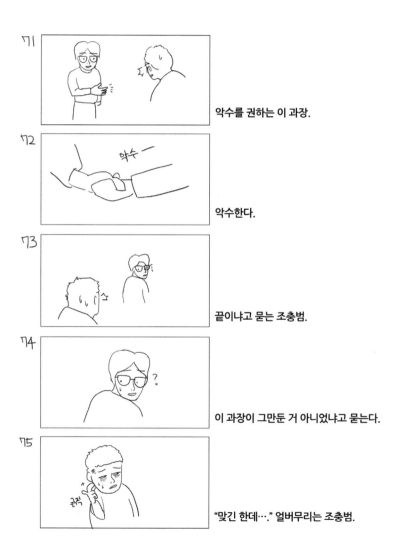

71 악수를 권하는 이 과장.

72 악수한다.

73 끝이냐고 묻는 조충범.

74 이 과장이 그만둔 거 아니었냐고 묻는다.

75 "맞긴 한데…" 얼버무리는 조충범.

76

다시 가려다가 뒤돌아서 아까 담뱃값으로 가져간 돈의 행방을 묻는 이 과장.

77

음료수 사 먹은 조충범.

78

이 과장은 계좌 번호를 불러주고 다시 간다.

79

멀어져가는 이 과장을 바라보는 조충범.

80
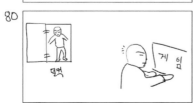

S#6. 조충범의 자취방 / 낮
한창 게임 중인 룸메이트. 문을 열고 조충범이 들어온다.

81

옷 집어 던지며

휙

들어오며 옷을 휙 던지고 침대로 가는 조충범.

82

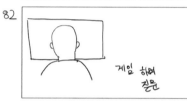

게임 하여
질문

조충범에게 질문하는 룸메이트.

83

털썩

침대에 누우며 대답하는 조충범.

84

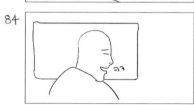

ㅋㅋ

비웃으며 말하는 룸메이트.

85

신경질적으로 대답.

86

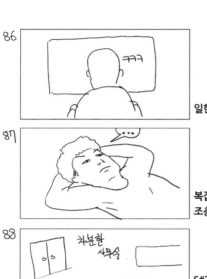

일한 돈 어떻게 할 거냐고 묻는 룸메이트.

87

복잡한 생각에 말없이 누워서 생각에 잠기는
조충범.

88

S#7. 정승 네트워크 사무실 / 낮
조충범이 없는 정승 네트워크. 크게 달라지지
않은 조용한 모습.

89

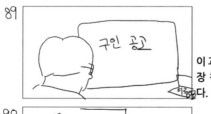

이 과장이 새 구인 공고를 올리고 있다. 이 과
장 책상 옆에 조충범의 이름표가 떨어져 있
다.

90

정 사장에게 구인 공고 올렸다고 보고하는
이 과장. 정 사장 대답.

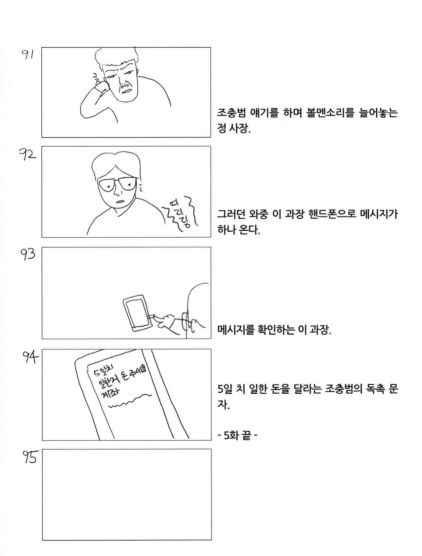

91

조충범 얘기를 하며 볼멘소리를 늘어놓는 정 사장.

92

그러던 와중 이 과장 핸드폰으로 메시지가 하나 온다.

93

메시지를 확인하는 이 과장.

94

5일 치 일한 돈을 달라는 조충범의 독촉 문자.

- 5화 끝 -

95

6화.
이걸 또 다녀?

본 회에는 유튜버 공돌이 용달 님, 유튜버 곽튜브 님이 카메오로 출연해주셨습니다.

S#1. 실외 골프 연습장 / 낮[1]

정승 네트워크를 도망쳐 나온 지 약 한 달. 한낮의 실외 골프 연습장에서 이용자 몇 명이 골프 연습을 하고 있다. 멍때리며 앉아 있는 골프장 아르바이트생 조충범.

입구로 손님 한 명이 들어온다. 어리바리하게 일어서서 손님에게 인사를 한 후 골프 장비를 챙겨 오려는 조충범. 그러나 손님 이름이 기억나지 않는다.

조충범 (머뭇거리며)손님, 죄송합니다. 혹시 성함이….

손님 (작게 짜증을 내며)아이씨… 내가 여기 몇 번을 오는데…. 김용 덕! 김용덕!

조충범 (장비를 가지러 가며)아, 제가 잠시 다른 일을 하다 와서…. 죄 송합니다.

그 사이 다른 선배 알바생이 능숙하게 장비를 꺼내 와 손님에게 건넨다.

선배 알바생 여기 있습니다, 회원님!

손님 (조충범을 흘겨보며)야, 매니저야, 애들 교육 좀 잘 좀 시켜~

선배 알바생 잘 설명하겠습니다, 회원님!

찐따 쭈구리처럼 풀이 죽은 조충범. 장비를 받아 들고 휙 가버리는 손님.

선배 알바생 (약간 갈구는 투로)아니~ 형. 이름 좀 외워. 잠깐 쉬었다고 그 새 까먹어? 저 회원님 여기 몇 년을 다녔는데.

조충범 (머쓱하게)얼굴이 잘 안외워져서….

선배 알바생 (못마땅해하며 타이르는 투로)언제까지 여기 알바만 할 거야? 입사 지원서는 넣어보고 있어? 나야 그렇다고 치고, 형은 대학까지 나왔잖아.

조충범　　(한숨 쉬는 투로 잠시 생각하다)그래… 회사 다녀야지….

S#2. 조충범의 자취방 / 낮

자취방 소파에서 자고 있는 조충범의 룸메이트. 탁자 노트북에서 주식 창을 보고 있는 조충범.

조충범의 주식 창은 파란색이 가득하다. 이마를 손으로 만지며 불안하고 좌절감이 가득한 표정으로 창을 바라보는 조충범. 이때 알람이 울린다. 잠에서 깨는 룸메이트.

룸메이트　　(하품하며)하~ 음.(이불을 대충 정리하고 소파에 앉으며)주식?

조충범　　(룸메이트와 주식 창을 한 번씩 힐끗 보고는)….

룸메이트는 헝클어진 머리를 긁으며 조충범 얼굴 가까이 와서 노트북 주식 창을 확인한다.

룸메이트　　(웃으며)오우… 퍼렇네….

조충범　　(짜증 내며)입냄새 나니까 나와.

룸메이트　　돈은 성실하게 벌자, 충범아~

조충범　　(짜증 내며)내가 알아서 한다고….

룸메이트　　거기 회사, 돈 아직도 못 받았지?

조충범　　(한숨, 못마땅한 표정)

룸메이트　　뭐 해! 노동부에 신고하든가 전화해!

룸메이트의 말을 들은 조충범은 조금 고민한 뒤 핸드폰을 들고 머뭇거린다. 이 과장의 전화번호를 띄워놓고 통화 버튼을 누를까 말까 고민하는 모습. 쭉 지켜보던 룸메이트는 답답해하며 이내 조충범의 핸드폰을 빼앗아 간다.

조충범   (당황하며)아씨… 뭐 해!
룸메이트   (전화를 걸며)있어봐, 좀.

S#3. 현 정승 네트워크, 전화 씬 자취방과 핑퐁 / 낮
이사 직후 정승 네트워크. 아직 덜 정리된 짐이 몇 개 있긴 하지만 자리를 잡은 모습. 이미나는 업무 관련 통화를 하고 있고 이 과장은 책을 꽂고 있다. 그러던 중 전화가 온다.

이 과장   (핸드폰을 바라보며)어…. 사장님, 충범 씨한테 전화 왔는데요?
정 사장   뭐? 그 도망간 놈?
이 과장   네, 네.
정 사장   (이 과장 쪽으로 다가온다)뭔데?
이 과장   일단 뭐… 받아볼게요. (전화를 받으며)여보세요?
룸메이트   (당당하게)안녕하세요. 저기… 저승 네트워크 맞나요?

조충범이 옆에서 '정승'이라고 속삭이며 고쳐준다.

이 과장   아… 네. 근데 여긴 정승 네트워크입니다. (갸우뚱하며)…충범 씨인가요?
룸메이트   아, 저는 조충범 지인인데요.

핸드폰을 빼앗아 가는 조충범.

조충범 (어려워하며)아… 안녕하세요, 과장님. 조충범입니다.

이 과장 아… 충범 씨, 오랜만이에요.

조충범 그… 제가 저번에 문자로 여쭤보긴 했는데, 제가 일했던 돈… 지금 월급날이 지난 것 같은데 아직 안 들어와서요.

이 과장 일했던 돈이요? 음… 잠시만요. (핸드폰 수화기 부분을 손으로 막고)사장님, 충범 씨가 돈 언제 들어오냐고 물어보는데요?

정 사장 (어이없어하며)아이… 양심이 있는 놈인가? 줘봐.

정 사장이 이 과장의 핸드폰을 빼앗아 직접 통화한다.

정 사장 (살짝 화난 투로)여보세요. 나, 정승 정 사장입니다.

조충범 (몹시 당황하며)예, 예… 안녕하세요….

정 사장 그 저기, 상범 씨, 돈 받고 싶으면, 직접 와서 받아요. 전화 걸어서 찍찍 돈 달라고 하는 예의는 어디서 배웠습니까?

조충범 아….

정 사장 성인이면 성인답게 행동하고 책임을 질 줄 아는… 그런… 뭐….(뭔가 멋있는 말을 하려다 막힌 느낌)아무튼! 와서 받아요.

전화를 끊으려는 정 사장.

이 과장 (옆에서 다급하게)어어, 충범 씨, 저희 이사했어요!

말이 끝나기 전에 정 사장은 전화를 끊는다.

정 사장	(씨익 웃으며)이 과장이, 그걸 뭐 하려 가르쳐줘? 이런 친구는 돈 쉽게 주면 안 돼. 뺑뺑이 한번 돌리자고.
이 과장	(아쉬워하며)아… 그래도 사람은 착하던데….[2]

다시 자취방. 전화를 끊은 조충범. 이마를 감싸쥐며 다시 좌절한다.

룸메이트	뭐래?
조충범	와서 받으래….
룸메이트	가, 그럼.
조충범	하….
룸메이트	(쏘아붙이며)야, 솔직히 너 그 회사 아니면 다른 데 갈 데 있냐? 미안하다고 하고 다시 다녀. 너 받아주는 데 없잖아. 경력은 쌓아야지, 인마.

팩폭을 두들겨 맞은 조충범은 좌절한 채 머리를 감싸쥐고 생각에 잠긴다.

조충범	(중얼거리며)내가 알아서 한다고….

S#4. 옛 정승 네트워크 사무실[3] / 낮

옛 정승 네트워크에 찾아온 조충범. 뭔가 긴장한 듯 심호흡을 크게 한다. 옛 정승 네트워크의 문은 열려 있다.

바로 들어가기 힘든지 잠시 뜸을 들이며 마음의 준비를 하다가 이내 발을 들어 사무실 안으로 들어가는 조충범. 조충범은 고개를 오른쪽으로 돌려 이 과장 쪽을 바라보지만 아무도 없다. 다시 왼쪽으로 돌리니 탁자에 3~4명 정도의 사람이 앉아 있다. 조충범은 사무실이 크게 바뀌었다는 것을 이제야 눈치챈다.

조충범   어… 어…? 아, 죄송합니다. 잘못 들어왔네요….

다단계업자 (탁자에 앉아 있다)누구시죠?

조충범   아… 정승 네트워크라는 회사를 찾으려다가….

다단계업자 아~ 그 회사~! 저희 들어오기 전에 있었는데~ 지금은 나가고 저희 사무실입니다.(웃으며)저희도 네트워크예요.

다단계업자가 간판을 가리킨다. 조충범이 쳐다본다. 간판에 쓰여 있는 '龍達 네트워크, 내 몸에 맞는 기를 바로 알자'.

조충범   (다시 사무실을 나가려고 하며)아, 그렇군요. 죄송합니다….

사무실을 나가려는 조충범의 팔을 다단계 판매원이 와서 붙잡는다.

다단계업자 선생님~ 이렇게 만난 것도 인연인데 잠시 앉아서 이야기 좀 나눠봐요~!

조충범   (당황하며)네, 네??

다단계업자 (조충범을 가로막으며)저희 이상한 사람들 아니구요, 종교 강요하는 사람들도 아니에요. 근데 제가 듣다 보니, 말씀 중에 부정한 기운이 느껴져서요. 혹시 최근에 몸이 쇠하거나 기력이 없다는 느낌 받지 않았나요?

조충범   (주춤하며)아니… 저 빨리 가야 되는데….

다단계업자 (조충범을 끌고 가며)MBTI는 어떻게 되나요?[4)]

사람들이 조충범을 끌고 가고 누군가 와서 사무실 문을 닫는다.

S#5. 옛 정승 네트워크 주변 길거리(4화 야근 길거리 씬 장소) / 낮

정승 네트워크를 나와 걸어가는 조충범. 지친 표정으로 한 손에는 'MBTI에 맞는 바이오틱스 영양제'라는 건강 식품을 들고 있고 다른 손에는 핸드폰으로 전화를 하고 있다.

조충범   (입을 앙 다물고)여보세요. 과장님… 이사 어디로 하셨나요…?

S#6. 현 정승 네트워크 사무실, 복도 / 저녁

일하고 있는 정승 네트워크 직원들. 이 과장은 잠시 화장실에 가서 부재중이다. 누군가 노크를 한다.

정 사장은 인터넷 뉴스를 보다가 문 쪽을 바라본다. 정 이사가 일어나서 문을 열어준다.

정 이사   누구세요? (조충범을 보고는)어?[5)]
조충범   (머쓱한 모습으로)아, 안녕하세요….
정 사장   (씨익 웃으며 마치 몰랐다는 듯 조충범을 보며)어이? 오랜만이네요?

조충범이 사무실로 조심스럽게 걸어 들어온다. 이미나는 자기 업무를 보다가 힐끗 본다. 정 이사도 무심하게 자기 자리로 돌아간다.

조충범   (분노와 무서움을 동시에 표출하며)사장님…. 이사하셨네요….
정 사장   (시치미 떼며)음? 허. 내가 얘기 안 했나?

조충범 그… 아무튼…. 일한 거 돈 주신다고 해서요….

정 사장 (고개를 저으며 일어나며)와… 진짜 요즘 젊은 사람들… 도망 가놓고 뻔뻔하게 다시 와서 한다는 소리가…. 양심이 있어요?

그때 잠시 화장실에 갔던 이 과장이 손을 털며 들어오다 조충범을 보고 놀란다.

이 과장 충범 씨!

정 사장 이 과장님! 이 친구 지금 돈 달라는데요? 며칠 동안 밥 주고 일 가르쳐주고 했는데 도망이나 가놓고 회사에 손해만 끼치더니 너무 뻔뻔한 거 아니에요? 이건 내가 손해배상 청구해야 돼! 한 달은 채워야 월급을 주든 말든 하지 일주일 남짓 다니고 무슨 돈!

뒤에서 정 이사는 재밌게 구경 중이고 이미나는 자기 일 아니라는 듯 업무를 보고 있다.

조충범 (뭔가 결심한 듯 고개를 살짝 끄덕이며)알겠습니다. 다시 다닐게요. 사장님, 제가… 순간 감정을 못 이기고 실수했습니다. 정말 죄송합니다. 아침 체조하는 것도 쪽팔리고 자꾸 막 뭐라고 하시고 그래서…. 그런 게 짜증 나서 그랬습니다.

정 사장 (당황하며)뭐, 뭐?? 아침 체조가 뭐…? 아니, 그게 어때서?

뒤에서 이미나가 끄덕거린다.

조충범 지금이라도 기회 주시면 일하겠습니다.

정 사장 뭐… 뭐? (얼탱이 없다는 표정으로)이게 뭔… 장난하는 거야,

지금?

이 모습을 지켜보던 이 과장은 둘 사이에 끼어서 중재에 나선다.

이 과장   사장님, 사장님! 얘기나 해보죠, 얘기나. 충범 씨, 다시 다니고 싶다구요?

조충범   딱히 갈 데가 없…(말실수 했다는 걸 눈치채고 깜짝 놀람)아니… 열심히 해보고 싶은 마음이….

정 사장   뭐? 갈 데가 없어서 우리 회사 온다고? (어이없어하며)아니, 나 참….

이 과장   (말리며)말이 헛 나왔겠죠. 아이고, 아이고.

조충범   (뭔가 자신감 있게)이번엔 도망 안 가고 정말 잘해보겠습니다.

정 사장   아니, 이 과장아, 얘를 지금 믿어? 나중에 월급 주면 또 도망갈지 누가 알아?

이 과장   그럼 계약서를 쓰면 되죠, 사장님.

조충범   (이때다 싶어서 눈을 굳건하게 뜨며)네. 제대로 된 근로계약서 쓰고 다니겠습니다.

정 사장   (당황하며)아니, 그런 건 원래 믿음으로….

이 과장   (말을 막으며)제가 쓸게요, 제가! 사장님! 충범 씨가 사람은 착해요. 그리고 저희 그 소개팅 어플도 더 해야 되잖아요. 저희 2분기 타이트해서 사람 모자라요. 뭐든 시켜봐요, 일단.

조충범   (놀라며)좋소개팅[6]? 아니 그게 됐나요?

정 사장   야, 이 과장아, 진짜 그렇게 생각해?

갑자기 정 사장에게 전화가 온다.

정 사장   아씨… 야, 잠깐만…. (핸드폰 화면을 보고 표정과 말투가 바뀌

며)여보세요? 오오, **빽 차장**! (조충범을 힐끔 보며)아니, 지금
뭐 하던 얘기가 있긴 했는데… 잠깐만. (수화기를 손으로 막고)
하… 그럼 이 과장이 알아서 해봐. (충범에게)진짜 이런 경우가
없는데, 하… 내가 알고도 속아본다.[7]

조충범   (인상이 약간 펴지고 고개를 끄덕이며 결심한 듯)감사합니다.

정 사장이 전화를 하며 자기 자리에 앉는다.

정 사장   다음 주에 들어온다고? 고생 진짜 많았다. 이야, 블라디야, 지
금? 거기 춥지? 어우 지옥이네, 지옥. 오면 일단 며칠 쉬고 편할
때 출근하고, 나오면 한잔합시다. 올 때 그 보드카 유명한 거 있
잖아, 그거 하나 좀 부탁할게. 아, 그리고 우리 이사했는데 내가
아직 말 안 했지?

이 과장은 조충범을 데리고 밖으로 나간다. 조충범은 들고 온 건강 식품을
탁자 위에 내려놓고 이 과장을 따라 나간다.

이 과장   충범 씨, 저랑 잠깐 얘기 좀 해요.
조충범   네….
이 과장   (데리고 가며)근데 저 박스는 뭐예요?
조충범   그냥… 기력이 쇠하다고 해서….

S#7. 현 정승 네트워크 건물 밖 / 저녁
이 과장과 조충범은 지저분한 건물 뒤로 온다. 이 과장은 담배를 꺼내서 피기 시작하
고 조충범은 두 손을 가지런히 모으고 그 앞에 선다.

이 과장	충범 씨…. 개인적으로 무슨 사정이 있었는지는 묻지 않을게요.
조충범	네….
이 과장	저는 개인적으로 충범 씨 다 이해해요. 그렇지만 여기 다시 왔다는 건 무슨 의미인지 아시죠?
조충범	네….
이 과장	나름 큰 결심을 한 것 같은데…. 진짜로 다시 다닐 거예요?
조충범	네….
이 과장	아무튼… 그래요. 저희 2분기부터 정기적으로 하는 일도 있고 충범 씨가 만들어놓은 소개팅 앱도 더 진행해야 돼요.
조충범	저는 그게 피피티 통과됐다는 게 좀 신기하네요.
이 과장	이쪽 바닥은 이해하려고 하지 마요. 아무튼 제가 사장님한테는 잘 얘기할 테니까, 다음 주부터 나오세요.
조충범	알겠습니다.
이 과장	(담배를 다 태우고 재를 털며)오늘은 일단 가봐요. (가려다가 다시 뒤돌아서)아, 맞다, 충범 씨. 집에 노트북 있다고 했죠? 미안한데 출근할 때 그것 좀 가지고 와요.
조충범	알겠습니다.

조충범은 회사로 들어가는 이 과장에게 인사를 하고 주머니에 손을 넣고 길을 걷는다. 큰 결심을 한 듯 입을 앙다문 느낌으로 걸어가는 충범.

+왓챠 추가 씬 S#8. 현 정승 네트워크 사무실 / 퇴근 전 늦 저녁
사무실로 돌아온 이 과장. 그런 이 과장을 본 정 사장은 말을 건다.

정 사장	뭐래?

이 과장   (정 사장이 앉아 있는 자리 앞으로 다가가서)뭐, 제가 잘 얘기했고…. 이번에 신중하라고 했죠, 뭐.

정 사장   (의심되는 듯)아… 난 잘 모르겠네. 이렇게 하는 게 맞아?

이 과장   나름 큰 결심한 것 같더라구요. 이번에 계약서 쓰고 케어 잘해 볼게요.

정 사장   그리고… 그 아침 체조… 그거 그렇게 이상해?

이 과장   음…. (고민하다가)솔직히 말씀드릴까요?

정 사장   어.

이 과장   아침에 조금 귀찮은 감은 있죠. 우스꽝스러운 것도 사실이고.

정 사장   야, 이거 나 삼전무역 있을 때부터 하던 거야~ 역사와 전통이 있는 거라고~

이 과장   (머쓱해하며)아무래도 세월이 많이 흘렀으니까….

정 사장   이 대리, 정 이사, 너네도 그렇게 생각해?

정 이사   (중얼거리며)뭐, 귀찮긴 하죠….

정 사장   이 대리는?

이미나   (무심하게)저도요.

정 사장   에이씨…. 하긴… 그 세월이면 강산도 변하는 법이지…. 내일부터 하지 마.

이 과장   네. 사장님, 그… 이사 온 김에 청소 아주머니도 구하면 어떨까요….

정 사장   (인상을 살짝 찌푸리며)야, 그건 애사심 개념으로 좀 그냥 가자. 나중에 내가 알아서 해볼 테니까, 오케이?

이 과장   아, 넵.

자리로 돌아가는 이 과장. 정 사장은 한숨을 푹 쉬며 팔짱을 끼고 뭔가 골똘히 생각에 잠긴다.[8]

—————————————— 주 ——————————————

1) 5화 업로드 후, 〈좋좋소〉에 대한 반응이 예상했던 것보다 훨씬 뜨거웠습니다. 왓챠와의 협업도 성사되어 극 중 도망간 조충범을 다시 정승 네트워크로 불러들여야 했습니다. 6화 첫 번째 씬은 조충범이 그 나이 먹고도 딱히 갈 곳이 없는 한심한 인간으로 보이면서 동시에 도망갔던 곳으로 다시 가야 하는 이유를 설명하는 씬입니다. 유튜브 채널에서는 반은 수긍이었지만 반은 이해할 수 없다는 반응이었습니다. 정식 스토리텔링 작업을 해본 적이 없는 저로서는 시나리오 작업을 하면서 이야기를 끼워 맞추는 게 얼마나 힘든 작업인지 느낄 수 있는 씬이었습니다.

2) 정상인이 하나도 없을 것 같은 정승 네트워크에서 이 과장이라는 캐릭터는 거의 유일하게 인성은 착한 캐릭터입니다. 이 과장은 〈좋좋소〉를 업로드하는 플랫폼의 주인이기도 한데 한 명이라도 주인공 조충범이 기댈 수 있는 인물을 만들어야 했기에 설정한 캐릭터입니다.

3) 실제로 기존 정승 네트워크의 사무실은 제 모교인 서울과학기술대학교에서 무상으로 지원받은 공간이었습니다. 현재 학생들이 사용하는 공간이기에 사용료를 지급한다 해도 6화부터는 더 이상 쓸 수 없었고, 이야기를 지속해나가기 위해서는 극 중에서도 이사를 하는 설정이 필수였습니다. 따라서 1화 초반에 나온 정 사장의 "곧 이사 갈 건데"라는 대사가 굉장한 키가 되었습니다. 그 대사가 없었다면 정승이 이사 가는 것이 상당히 생뚱맞게 느껴졌을 것이고, 드라마 외부 상황 때문에 극 중 내용이 바뀌어버리는 아쉬운 결과가 나왔을 것입니다. 정 사장의 대사는 이후의 일을 예상하고 만든 대사는 아니었지만, 운이

좋게도 얻어 걸렸다고 할 수 있겠습니다.

4) 〈좋좋소〉는 무겁고 답답한 중소기업의 현실을 그린 드라마입니다. 하지만 고증에 집착해 칙칙한 장면만 표현할 경우, 시청자들의 피로도가 금방 쌓일 수 있습니다. 그래서 몇몇 시청자분의 반감에도 곳곳에 개그 포인트를 넣어 무거운 분위기를 중화하려고 노력했습니다. 사실적 표현과 드라마적 요소를 적당히 배치하는 일이 쉽지 않았지만, 상당히 중요한 포인트라고 생각합니다.

5) 극 전체적으로 정 이사의 대사 비중은 매우 적습니다. 정 이사의 캐릭터성 문제이기도 하지만, 역을 맡은 배우가 전문 배우가 아닌 일반인인 점을 감안한 시나리오였습니다. 놀랍게도 정 이사 역할을 맡은 조정우 씨의 연기가 빠르게 늘었고 이에 대해 모두 놀라고 있습니다.

6) 이번 화에서도 좋소개팅이 굉장한 키포인트가 되는 소재로 등장합니다.

7) 차후 나올 백진상 캐릭터에 대한 복선입니다. 원래 백진상 캐릭터는 사무실 내 명패로만 등장하고 극에서는 나오지 않을 예정이었습니다. 이름 자체가 굉장히 인위적이었고, 아무 생각 없이 만든 '퇴사한 직원'이었으나, 추가 시즌이 확정되며 새로운 캐릭터의 등장이 필요했기에 설정을 바꿔 잠시 해외 출장을 가 있는 콘셉트로 만들었습니다. 고증에 따르면 무역 회사에서 해외 출장을 1~2개월간 길게 가는 경우는 흔치 않다고 합니다. 콘텐츠적 허용이라고 볼 수 있겠습니다.

8) 〈좋좋소〉는 중소기업의 단점만 나열하다 그치는 것이 아니라, 한국 회사의 낡은 사내 문화를 바꾸어보고자 제작한 드라마입니다. 그렇기 때문에 극 중 누군가는 입체적으로 변하는 모습이 필요했습니다. 저는 그 역할을 조충범과 정 사장이 해줘야 한다고 생각했습니다. 일곱 번째 씬에서는 정 사장이 아주 약간이지만 변화하는 모습을 보이려고 합니다. 기존 드라마처럼 사람이 말도 안 되게 개과천선하는 경우는 현실적이지 않기에, 뭔가 바뀌려는 것 같은 느낌만 살짝 나도록 방향을 조정했습니다.

육화 · 백팔십삼

7화.
풍성한 좋소기업 명절

S#1. 태해물산 건물 앞 / 낮

건물 앞에서 얘기를 하고 있는 이 과장과 태해물산 사장. 무언가 얘기가 잘된 느낌. 분위기가 좋다.

이 과장   사장님, 아무쪼록 이번 연도도 잘 부탁드립니다. 감기 조심하시고 조만간 해운사랑 얘기하고 다시 연락드릴게요~

태해물산 사장 예, 예, 과장님. 고생 많아~

인사를 드리고 떠나려는 이 과장.

태해물산 사장 (뭔가 생각났다는 듯)아, 잠깐만요, 이 과장~

이 과장   네?

태해물산 사장은 자기 차 트렁크를 열어서 뭔가를 꺼낸다.

태해물산 사장 내가 이거 다른 거래처 주려고 몇 개 사놓은 건데, 지금 2박스 있거든? (비싼 술 세트를 주며)이거는 저기, 사장님 드리고, (스팸 세트를 주며)이거는 과장님이 가지고. 숫자를 못 맞춰서 어째. 미안해, 내가.

이 과장   아이고, 아닙니다, 사장님. 선물은 안 주셔도 돼요.

태해물산 사장 (선물을 주려고 애쓰며)에이, 뭔 소리야~ 설 연휴인데 어떻게 그냥 보내~

이 과장   (형식적으로)아이~ 안 주셔도 되는데.

태해물산 사장 (드디어 선물을 건네주며)아무튼 숫자 못 맞춰드려서 미안하고, 사장님한테 잘 좀 얘기해줘요.

이 과장   (선물을 받으며)네, 알겠습니다.

S#2. 정승 네트워크 사무실 / 낮

직원들이 설날맞이 대청소를 하고 있다. 그때 문을 열고 이 과장이 들어온다.

이 과장　　　다녀왔습니다~

걸레질을 하다가 조충범이 인사한다.

조충범　　　수고하셨습니다.

정 사장　　　(앉아서 고개를 돌려서)얘기 잘됐지? (들고 있는 선물을 보고
　　　　　　　는)뭐야, 그건?

이 과장　　　아아~ 이거 설날이라고 태해물산 사장님이 주시더라구요. 개
　　　　　　　수가 모자라긴 한데… 하하!

이 과장은 선물을 탁자 위에 올려놓는다. 정 사장은 일어나서 탁자로 와서
선물을 확인한다.

정 사장　　　술…이랑 스팸?

이 과장　　　개수가 모자라다고 일단 이것만 주셨어요.

정 사장　　　(뭔가 생각났다는 듯)아, 그렇지, 설날….

정 사장은 주머니에서 자기 자동차 키를 꺼낸다.

정 사장　　　(조충범에게 떨떠름하게)그… 저기… 저기야. 내 차 뭔지 알지?

조충범은 사장을 보며 선뜻 대답하지 못한다.

조충범   어….

정 사장   (뭐라 하려다가 체념한 듯)5129 갈색 BMW.(실제 번호 부를 것) 거기 트렁크 열면 선물 세트 여러 개 있거든? 그거 다 가지고 와.

조충범   (일어나서 사장에게 키를 받아 들며)네, 알겠습니다.

잠시 후, 몇 개의 가지각색 선물 세트를 들고 온 조충범. 탁자 위에 전부 올려놓는다. 싸구려 카놀라유부터 런천미트, 김 세트, 스팸 등 다양한 퀄리티로 구성되어 있는 선물. 정 사장은 이 과장이 가져온 비싼 술 세트를 가져간다. 선물을 보고 서로 눈치를 보는 정승 직원들. 정 사장은 그 뒤 시계를 보고 직원들에게 말한다.[1]

정 사장   나 약속 있어서 먼저 가봐야 되거든? 오늘 대충 마무리하고, 여기 모여서 선물 하나씩 가져가. 설날 선물! 그리고 오늘은 1시간 일찍들 퇴근해! (웃으며)그~ 응? 일찍 퇴근했다고 술 먹다가 사고 치지 말고! 나 간다~!

정 사장은 본인 선물 두 개를 가지고 사무실을 나서고, 직원들은 그런 사장에게 인사를 한 후 하나둘 탁자로 모인다. 이 과장이 선물을 천천히 살펴본다.

정 이사   (진지하게)굿즈 같은 거 없나…?

조충범이 몰래 정 이사를 한심하게 흘겨본다.

이 과장   아… 원래 명절에 칫솔 세트… 선 넘네…. 뭐, 아무튼… 각자 가져가고 싶은 거 있으면 챙기시죠.

조충범은 재빨리 스팸 세트에 손을 댄다. 그때 이미나가 조충범의 손을 재빨리 탁 친다.

조충범   (손을 만지며)앗….

이미나   (냉철하게 조충범을 보다가 다시 과장님을 보며)과장님, 이런 거는 근본 없이 막 가져가면 안 되죠. 가위바위보 해요.

이 과장   가위바위보요?

이미나   딱 봐도 등급이 있잖아요. 공평하게 가위바위보 해서 차례차례 픽해야죠.

정 이사   (곤란해하며)난 가위바위보 진짜 못하는데….

조충범   (생각하다가)그럼, 진~짜진짜 공평하게 사다리 타시죠.

큰 종이에 사다리를 그리는 조충범. 그 모습을 다른 인원들이 진지하게 지켜보고 있다. 조충범은 굉장히 집중하는 자세로 사다리를 그리고 있다.

이 과장   어어, 여기 선 안 이어졌는데….

이미나   조 주임. (손으로 끊어진 곳을 가리키며 단호하게)여기 똑바로 그어요.

조충범   (눈치를 보며)죄, 죄송합니다.

시종일관 살벌한 분위기다. 사다리를 다 그리고, 결과란에 선물 종류를 기입하면 되는 상황.

조충범   여기는 제가 알아서 스팸 세트부터 차례대로 넣을까요?

이 과장   (뭔가 흥미롭다는 듯이)잠깐만요. 이거, 어차피 사람 4명밖에 안 되는데 그냥 몰빵 가시죠.

조충범   예, 예? 몰빵이요?

이 과장   한 명이 다 가져가는 걸로 하시죠. 이거 나머지 사람은 카놀라
         유 같은 거 가져가봐야 의미도 없어요. 그게 더 스릴 있잖아요.

정 이사   (관심 없는 투로)전 좋아요.

이미나   네, 그렇게 하죠.

조충범   (마지못해)네… 알겠습니다.

차례대로 꽝, 당첨, 꽝, 꽝을 그려넣는 조충범. 그 후 공평하게 사다리에 선
을 각자 두 개씩 추가로 그려넣는다. 조충범은 사다리에 선을 그려넣을 때
최선을 다해 두 손으로 그린다. 살벌하다 못해 경건해진 분위기. 이후 가위
바위보로 스타트 포지션까지 정한다. 이윽고 사다리 타기가 시작된다. 조충
범부터. 조충범의 사다리는 역시나 꽝.

조충범   (허탈해하며)아….

이 과장   (기분 좋은 티를 감추며)어이쿠 이런. 다음은 저네요.

이 과장은 사다리를 신중하게 탄다. 이 과장도 꽝. 꾕장히 아쉬워하며 이해
를 못하겠다는 투로 고개를 갸우뚱거린다.

이 과장   아니… 뭐 이상하게 그린 것 같은데…. 제대로 그린 거 맞아요,
         조 주임?[2]

다시 손가락으로 검토해보지만 이 과장은 꽝이 나온다. 다음은 이미나. 이
미나의 사다리는 당첨으로 향한다. 다들 못내 아쉬워하고, 정 이사는 크게
관심 없다는 듯 바로 자기 자리로 돌아간다.

이미나   (살짝 웃으며)훗, 저네요. 다들 수고하셨습니다.

이미나는 선물 세트를 바리바리 들어 본인 자리로 옮긴다. 이 과장과 조충범은 못내 아쉬워하며 사다리 종이를 다시 확인하다가 자리를 정리한다.

S#3. 정승 네트워크 사무실 앞 / 저녁

평소 퇴근 시간보다 일찍 나온 일행. 회사 앞에서 서로 인사를 하고 길을 나선다. 이 과장은 평소 자기가 다니던 길을 가다가 골똘히 생각에 잠긴다. 이내 뭔가를 깨달은 듯 발걸음을 돌려 다른 곳으로 향한다.

S#4. 한 대형 마트 / 저녁

한 마트 안. 선물 코너를 뒤적거리며 이것저것 찾아보는 이 과장.

선물 세트 위에는 '설날 특집 세일 한우 최대 20% 세일'이라는 문구가 붙어 있다. 한우 선물 세트 하나를 집어 드는 이 과장. 가격표를 확인하며 물건을 찾아본다.

S#5. 길거리, 버스 정류장 벤치 / 밤

한 손에 한우 세트를 들고 버스를 기다리는 이 과장. 그때 갑자기 전화가 걸려온다. 전화를 받는 이 과장.

이 과장   여보세요?

이 과장 아내   왜 안 와?

이 과장   아아, 오늘 뭐 밀린 게 있어서…. 지금 가고 있어.

이 과장 아내 그놈의 회사는 설날에도 야근을 시키냐? 일찍 안 보내줬어?

이 과장   아, 다 먼저 퇴근했는데 나만 조금 늦었어.

이 과장 아내 으이구… 그 웬수 같은 회사….

이 과장   에이~ 무슨 소리야~! 그래도 이번에 사장님이 설날이라고 한
         우 세트 사줬어!

이 과장 아내 한우 세트? 웬일이야, 그 쫌생이가?

이 과장   (억지로 웃으며)하하, 내가 회사에서 얼마나 중추적인 인물인
         데~! 이 정도는 받아야지!

이 과장 아내 뭐래~ 시끄럽고, 그럼 빨리 와. 오늘 그거 바로 구워 먹자.

이 과장   알았어~

전화를 끊은 이 과장. 웃음기 있던 표정이 바뀐 후 한우 세트를 빤히 쳐다보
며 한숨을 쉰다.[3]

S#6. 이미나의 집 / 밤

이미나의 집 안. 퇴근한 이미나는 편한 옷으로 갈아입고 티비 뉴스를 보며 밥을 먹고
있다.

방 한쪽에는 가지고 온 선물 세트가 쌓여 있다. 치킨을 시켜서 맛있게 먹는
이미나.

S#7. 편의점 / 밤

조충범이 편의점에서 군것질과 삼각김밥, 콜라 몇 개를 구입한다. 편의점을 나오면
서 누군가와 전화를 한다.

조충범   어, 엄마. 나 내일 내려갈게. 표 끊어놨어. 저녁? 먹어야지. 아,
        알아서 먹어, 걱정하지 마. 아니… 맛있는 거 먹을 거야. 알아서
        할게. 안 굶고 다녀~ 회사 다니면서 돈 버는데 왜 굶어~

집으로 향하는 조충범.

+왓챠 추가본 S#8. 타 회사 사무실 / 밤
다른 회사 사무실에 앉아서 얘기하고 있는 정 사장. 직원과 사장이 수첩 등을 덮으며
일어나서 악수를 한다.

정 사장   네, 그럼 차후에 저희 직원 통해서 다시 연락드리겠습니다.
        아이고… 늦은 시간까지 수고 많으셨습니다.
타 회사 직원 아닙니다, 사장님. 잘 좀 부탁드리구요.

정 사장은 탁자 밑에 있던 비싼 술 선물 세트를 위로 꺼낸다.

정 사장   이거… 별건 아니구요. 제가 감사의 의미로 좀 준비를…. 이게
        술이…. (술에 대한 설명)
타 회사 직원 아이고 이런 거 안 주셔도 되는데….
정 사장   설날이잖아요. 잘 보내시라고.(웃음)

정 사장과 직원은 선물을 주고받는 작은 실랑이를 벌인다.

S#9. 한 대형 마트 / 저녁

마트 선물 세트 근처에서 전화를 하며 물건을 보고 있는 정 사장.

정 사장   어어, 우리 고기 먹은 지 꽤 됐지? 아아, 그게 아니고 나 이번에 거래처에서 설날이라고 과일 세트랑 한우 세트 들어왔거든. 오늘 한우나 구워서 먹자. 부르스타랑 세팅 좀 해놔. 애들한테도 말해놓고. 알겠지? 어, 알았어. 한 20분 있다가 들어갈게.

전화를 끊고는 과일 세트 가격부터 확인하며 중얼댄다.

정 사장   선물 값이 뭐 이래…? 미쳤구만, 아주….

정 사장은 고기 선물 세트 판매대로 향하려다가 멀리서 이 과장의 모습을 발견한다. 깜짝 놀란 정 사장은 재빨리 뒤돌아 이 과장이 발견하지 못할 만한 곳으로 재빨리 걸어간다. 이 과장은 정 사장이 있는 걸 눈치채지 못했고 정 사장이 멀리서 이 과장의 모습을 힐끗힐끗 감시한다.

정 사장   어우씨… 깜짝이야….

———————————— 주 ————————————

1) 7화 에피소드는 중소기업 유튜버 이과장 님이 강력하게 밀어붙인 소재입니다. 저도 진지하고 무거운 에피소드 사이에 생각 없이 웃을 수 있는 개그 중심의 이야기가 필요하던 차에 촬영 시기가 설날이어서 타이밍에 맞게 제작할 수 있었습니다.

2) 실제 대본에서는 조충범이 별다른 반응을 하지 않습니다. 촬영 시 이과장 님이 사다리 탈 때 입으로 너구리 게임 음악을 나지막이 불렀는데 그 상황이 웃겨 배우들과 스태프들 모두 웃음이 터져버렸습니다. 그렇게 해서 실제 영상에 조충범이 웃는 장면이 들어가게 되었습니다.

3) 직원들도 각자의 고충이 있음을 보여주는 씬입니다. 사회를 지탱하는 직장인 모두 나름의 드라마를 가지고 있다고 생각하고, 명절 관련 에피소드인 만큼 가족과 이야기하는 장면을 삽입했습니다. 다만 신파적인 요소를 배제하고자 슬픈 감정을 건드리는 듯한 장면은 피했습니다.

칠화 · 백구십오

8화.
좋소기업 경비 특

본 회에는 유튜버 리도동동 님, 캘빈 님이 카메오로 출연해주셨습니다.

S#1. 정승 네트워크 사무실 / 낮

평범한 정승 네트워크의 하루.[1] 조충범은 이미나에게 뭔가를 배우고 있다. 이 과장은 송장 파일을 정리하고 있다. 정 사장은 고객사와 통화를 하고 있다.

정 사장   아 예, 사장님. 그거 예전에 퀵 보냈던 게 샘플이죠? 두 박스?
예. 아, 그거 확인하고 다시 연락드릴게요. 네, 네, 감사합니다~

전화를 끊는 정 사장.

정 사장   이 과장~

이 과장   (뒤돌아보며)네~

정 사장   그 전에 푸른 뭔 김인가 샘플로 온 거 두 박스 있잖아. 그거 좀 같이 봅시다.

이 과장   (일이 바쁜 나머지 잠시 머뭇거리다)아, 넵… 그… 조 주임님?

조충범   (이미나와 뭔가를 하다가 부름을 듣고 뒤돌아보며)네.

이 과장   제가 지금 이거 통관 서류 때문에 조금 정신이 없어서. 저희 창고 있잖아요? 거기에 잘 찾아보면 푸른 김이라고 쓰여 있는 샘플 박스 있을 거예요. 그거 좀 가지고 와주세요.

조충범   아, 넵. 이 대리님, 다녀오겠습니다.

이미나   네.

잠시 후, 조충범은 김 샘플 한 박스를 들고 이 과장에게 간다.

이 과장   아, 저 말고 사장님이요.

조충범   엡.

다시 김 샘플을 들고 정 사장 앞으로 향하는 조충범.

정 사장   (아직은 떨떠름하게 조충범을 대하는 정 사장)음. 가져왔어?
　　　　　뭐야. 왜 한 박스야. 이거 종류 다른 걸로 해서 두 박스일 텐데?

조충범   푸른 김… 이게 다인 것 같던데요….

정 사장   같던데요? 확실해?

조충범   아… 그럼 다시 가서 찾아보겠습니다.

정 사장   (마음에 안 드는 듯)흠. 가서 찾아봐.

잠시 후, 조충범이 다시 사무실로 돌아와 정 사장에게 간다. 조충범의 옷과 얼굴에 먼지가 조금 묻어 있다.

조충범   사장님… 제가 다 뒤져봤는데 없는 것 같습니다….

정 사장   진짜 없는 거 맞아? 내가 가서 찾아볼까?

조충범   (억울한 말투로)아니… 진짜 찾았는데… 없어서요….

정 사장   하… 알았어. 나랑 같이 가.

정 사장은 일어나서 사무실을 나서 창고로 향한다. 조충범이 억울한 표정으로 그 뒤를 따라 나선다. 잠시 후, 아까의 조충범과 비슷하게 얼굴과 몸에 먼지가 묻은 채로 정 사장이 돌아온다. 원하는 물건을 찾지 못했는지 살짝 화가 난 듯한 표정. 그 뒤로 조충범도 따라 들어온다.

정 사장   (살짝 빡친 느낌으로)다들 모여봐.

회의 대형으로 앉은 직원들. 사장은 몹시 불쾌한 표정으로 앉아 있다.

정 사장　　내가 방금 창고 가서 이것저것 확인을 좀 했거든? 김만 없어진 게 아니라, 지금 샘플도 몇 개 같이 없어. 어떻게 된 거야, 이거?

일동 침묵. 정 이사, 골똘히 생각하다가 뭔가를 깨달았다는 듯 말한다.

정 이사　　아! 맞다, 그러고 보니 내 미니 피규어도 하나 없어졌네! 이사 오다가 빠뜨린 줄 알았는데….

정 사장　　건물에 도둑놈 있는 거 아냐?

이 과장　　(눈치를 보며)혹시 건물에 CCTV 같은 건 없어요?

정 사장　　없지. 우리 오기 전에 회사가 다 빼 갔어.

이 과장　　(조심스럽게)사장님, 그럼 캡스 이런 거라도 달까요?

정 사장　　(불쾌하다는 듯이)그거 들어가는 돈이 얼만데….

정 이사　　사무실 지키는 개라도 키워야 되나….

이 과장　　(화들짝)에이… 여기서 개를 어떻게 키워요….

그때 마치 엄청난 아이디어를 얻기라도 한 것처럼 정 사장이 놀란다.

정 사장　　그래, 야, 맞아…! 경비견을 두면 되지! 업체보다 훨씬 싸게 먹힐걸?

조충범, 이 과장은 그런 정 사장의 말을 듣고 당황한다. 이 제안을 진지하게 받아들이는 데 놀라는 중. 정 이사는 웃으며 끄덕거린다.

정 사장　　어차피 경비업체 쓰는 게 싸이렌 울리고 경비 출동하는 건데, 개 갖다놓으면 똑같은 거 아니야? 밥이야, 사료 주고 고기 먹다가 남으면 주고 하면 되지!

이 과장   에이… 그래도 저희 업무도 봐야 되는데 개까지 기르는 건 좀….

정 사장   처음에 데리고 와서나 훈련시킬 때 좀 힘들지, 그다음엔 뭐 없 잖아?

그러고는 정 사장은 충범을 바라본다. 조충범도 정 사장을 바라본다. 왠지 이번에도 불안한 기색을 느끼는 충범.

정 사장   그 조 주임, 개 키워본 적 있….

조충범   (체념한 듯)알겠습니다.

정 사장   (조금 놀라며)…? 그… 어, 오케이…. 그러면 주말에 뭐 아무 데 나 가서 강아지 한 마리만 데리고 와봐.

조충범   네.

이 과장은 그 모습을 불안하게 지켜본다.[2]

S#2. 정승 네트워크 사무실 / 다른 날, 아침

사무실에 이 과장이 출근한다. 이미 출근해 있는 이미나와 조충범이 귀여운 강아지 한 마리를 사무실에서 보고 있다.

평소 무표정한 이미나는 강아지를 보며 굉장히 귀여워하고 있다. 조충범은 걱정스러운 표정으로 강아지를 보고 있다.

이 과장   (근심 어린 표정으로)충범 씨, 진짜 데리고 왔네요?

조충범   (뒤돌아서 이 과장을 보며)아, 안녕하십니까. 말 잘 들을 것 같은 녀석으로 데리고 왔어요. 강준식입니다.

이 과장　　강준식?

조충범　　(강아지를 가리키며)이 친구 이름이요.

이 과장은 다시 걱정스럽게 강아지를 쳐다본다. 잠시 후, 다시 한번 회의 대형으로 모인 정승 네트워크. 정 이사가 준식이를 들고 예뻐하고 있다.

정 사장　　(충범을 보며)이름이 뭐라고?

조충범　　강준식입니다.

정 사장　　왜?

조충범　　어… 제 군 시절 선임 이름입니다.

정 사장　　쯥… 뭐… 아무튼…. 강아지 훈련시켜본 사람?

물론 아무도 손을 들지 않는다.

정 사장　　그 인터넷 검색하면 나올 건데…. 조 주임이 책임지고 훈련시켜봐. 점심시간에는 10분 정도 산책도 꼭 시키고. 준식이에게 우리의 보안이 달려 있어. 오케이?

조충범　　네….

S#3. 정승 네트워크 사무실 / 낮 / 마치 영화 〈로키〉의 장면 같은

조충범의 강준식 훈련 프로젝트가 시작된다. 모두가 일하고 있는 사무실, 조충범이 먹이를 주며 "앉아", "손" 등을 가르쳐준다. 전혀 말을 듣지 않는 준식.

장면이 바뀌고, 정승 네트워크의 점심시간. 다른 사람들이 다 같이 밥을 먹으러 나가려고 한다. 정 사장은 그대로 앉아 있다. 그때 정 사장이 조충범에게 말한다.

정 사장   어 그, 나는 오늘 점심 안 먹을 건데. 그, 조 주임, 오늘 식사 빨리 먹고 와서 나랑 준식이 산책시키자. 후딱 먹고 와.

조충범   (거지 같은 표정을 지으며)네….

이 과장이 그 모습을 보고 안타까워한다.

S#4. 정승 네트워크 산책로 / 낮

준식이를 데리고 산책을 하는 조충범과 정 사장. 아무것도 모르는 준식이는 그냥 산책을 할 뿐이다. 정 사장은 뒷짐을 지고 조충범에게 자기 할 말만 계속하고 있고 정작 강아지 목줄은 조충범이 쥐고 있다.

정 사장   내가 개를 왜 좋아하는지 알아? 사람, 이 검은 머리 짐승은 말이야, 잘해주면 꼭 배신을 때려. 지가 잘난 줄 안단 말이지. 근데 강아지는? 절대 배신하는 법이 없어. 한번 주인은 영원한 주인이다, 이 말이야. 오케이? 내가 살면서 배신 때리는 인간을 너무 많이 봤어.(중얼중얼)[3]

S#5. 정승 네트워크 사무실 / 낮

계속되는 훈련. 물건을 쌓아놓고 이 과장이 훔쳐 가려는 시늉을 한다. 조충범은 그런 이 과장을 보며 준식이에게 물라고 명령한다.

조충범   준식아! 물어!

당연히 전혀 말을 듣지 않는 준식이.

조충범   준식아! 누가 훔쳐 간다! 빨리 가서 물어! 물어 찢어! 빨리!!!
이 과장   조 주임… 이거 안 될 것 같은데요….

그 모습을 자기 자리에서 지켜보고 있는 정 사장.

S#6. 정승 네트워크 사무실 / 낮

며칠이 흐른 후, 사무실 안은 배변 패드와 강아지용품으로 어지럽혀져 있다. 정 이사가 준식이와 놀아주고 있고, 나머지 인원들은 본인 업무를 보고 있다. 그때 정 사장이 들어온다.

직원 일동   안녕하십니까~
정 사장   어~ (정 이사가 데리고 있는 준식이를 힐끗 보고는)준식이는
                     훈련 잘되어가고 있는 건가?
조충범   (책상에서 다른 업무를 보고 있다가)아… 그게… 제가 나름 열
                     심히 하긴 했는데….
정 사장   그래? 그럼 테스트해보자. 데리고 나와봐.

S#7. 정승 네트워크 건물 앞 / 낮

강아지를 데리고 나온 정 사장과 조충범, 이 과장. 그리고 옆에는 옆 사무실 사장과 직원이 함께 나와 있다. 정승 네트워크와는 구분되는 다른 옷을 입고 있는 옆 사무실 사장과 직원. 그들 옆에는 박스도 하나 있다. 정 사장이 타 회사 직원에게 설명을 한다.

정 사장   사장님, 이게 뭐냐면요, 저희가 얼마 전부터 창고랑 사무실에 도둑이 드는 것 같아서요. 그래서 얘가 준식이인데, 준식이를 경비견으로 세워두려고 하거든요. 물건 훔쳐 갈 때 준식이가 잘 지키는지 테스트 좀 해보려고 그럽니다.

직원   아, 그럼 제가 도둑 역할하면 되는 거예요?

정 사장   그렇죠, 그렇죠.

사장   근데 그러면 CCTV를 달면 되지 않나?

정 사장   (멋쩍게 웃으며)그게 좀 비싸지 않나? 아무튼… (옆 사무실 직원을 보며)혹시 전에 도둑질해본 적 있어요?

직원   (놀라며)예? 예?

정 사장   (웃으며)허허허 농담이고~ 저기 저 박스~ 살금살금 가져가는 흉내 좀 내주세요.

직원   뭐… 알겠어요.

옆 사무실 직원이 준식이 앞에서 살금살금 박스를 훔치는 시늉을 한다. 그때 건물에서 정 이사도 나와서 그 모습을 구경한다.

직원   살금살금~ (어설픈 연기 톤으로)아이고 탐난다~

준식이는 전혀 관심이 없다.

조충범   (준식이에게 속삭이면서)준식아! 뭐 해! 물어!!! 준식아!!!

언짢은 표정으로 바라보는 정 사장.

사장   에이~ 안 돼. 얘가 뭘 알겠어?

조충범   (간절하게)준식아! 우리 열심히 했잖아! 준식아!!!

정 사장   (한숨 쉬며)뭐… 큰 기댄 안 했어.

조충범   (억울해하며)아… 저 진짜 열심히 산책시키고 훈련시키고 했는데….

직원   (어정쩡한 포즈로 정승 직원들을 바라보며)저… 이제 그만 훔쳐도 되죠?

정 사장   (깨닫고)아 아 예, 예, 고마워요. 이제 됐고 다음에 술 한잔 살게요~!

옆 사무실 직원과 사장은 자기 사무실로 들어간다.

정 사장   야, 애 도로 갖다놔. 애초에 견종을 잘못 골랐네.

뒤에서 구경하던 정 이사가 놀라서 묻는다.

정 이사   아니, 삼촌! 왜 다시 갖다놔요! 이런 귀여운 애를!!(준식이를 안아 든다)

정 사장   아니, 야… 경비견으로 데리고 왔는데 제 역할을 하나도 못하잖아. 짤라야지. 내가 그리고 너 회사에서 삼촌이라고 하지 말라고….

정 이사   (말을 끊고 신경질을 내며)아! 그럼 내가 집에 데려가서 키울게요.

정 사장   뭐? 야, 너네 아빠 강아지 싫어해!

정 이사   (준식이를 끌어안고)몰라요. 내가 좋아요.

정 이사는 준식이를 안고 사무실 안으로 들어간다. 3명은 그런 정 이사의 모습을 바라본다.

정 사장　(못마땅해하며)쟤는 아가씨 인형이나 키우지, 뭔 강아지까지….

이 과장　(웃으며)아유 사장님, 잘된 거죠. 준식이도 주인 찾고 정 이사
　　　　　도 동물 좋아하는 것 같은데, 좋은 게 좋은 거 아니겠습니까?
　　　　　하하!

정 사장　뭐….(한숨)그래도 조 주임, 훈련하느라 고생했다. 그럼, 뭐…
　　　　　일단 있어보고 또 누가 뭐 훔쳐 가면 그때는 진짜 CCTV를 달
　　　　　든지 하자고.

조충범　(안도하는 표정을 지으며)네….

건물로 들어가는 세 사람.

S#8. 정승 네트워크 사무실 / 밤

퇴근 시간. 정 사장과 정 이사는 이미 퇴근해서 없고 이미나와 조충범, 이 과장이 앉
아 있다.

조충범　이 과장님, 혹시 제가 도와드릴 건 없을까요?

이 과장　아뇨, 저 이거 작성하던 거 메일만 보내면 끝나요. 두 분 먼저 들
　　　　　어가세요.

조충범　네, 알겠습니다.

퇴근 준비를 하고 퇴근하는 이미나와 조충범, 앉아 있는 이 과장과 인사를
한다. 모두가 퇴근한 후, 혼자 남은 사무실. 창문 밖을 혼자 쓱 확인하는 이
과장. 그 후, 이 과장은 비품이 쌓여 있는 곳에 가서 찬장을 연다. 이 과장은

찬장에서 커피 스틱 조금과 컵라면 등을 몇 개 챙겨 가방에 쑤셔넣는다.

이 과장   (흥얼거리며)이렇게라도~ 인센티브를 가져가야지~ 자기 몫은
자기가 챙기는 거야~[4]

소량의 도둑질을 한 후 사무실 불을 끄고 나가는 이 과장.

+왓챠 추가본 S#9. 정승 네트워크 건물 밖 / 밤

퇴근하는 이 과장. 그런데 갑자기 뒤에서 누군가 이 과장의 어깨를 잡는다. 소스라치
게 놀라는 이 과장.

이 과장   으아악!

정 사장이 이 과장의 어깨를 잡고 있다.

정 사장   (웃으며)퇴근하나?

이 과장   아이고… 사장님… 놀랐잖아요…. 좀 먼저 불러주시죠….

정 사장   뭘 먼저 불러 허허. 나 사무실에 뭐 두고 와가지고…. 아니 근데
이 과장, 뭐 훔치기라도 했어? 왜 이렇게 놀라?

이 과장의 눈동자가 떨린다.

이 과장   예… 예… 예?

정 사장   (의미심장하게)가방 열어봐.

이 과장은 몹시 당황해서 얼어붙는다. 둘 사이에 묘한 기류가 흐른다. 이 과장은 떨리는 손으로 어쩔 수 없이 가방을 열어보려고 한다. 그 손을 정 사장이 휙 잡아 막는다.

정 사장   (한숨 쉬며)이 과장이… 다 좋은데… 적당히 해, 적당히. 거래
             처 샘플은 건들지 마. 내가 많이 못 챙겨주는 거 미안한데 이건
             아니지. 오케이?
이 과장   (부끄러워하며)아…. 네, 사장님. 알겠습니다….
정 사장   (단념하고 이 과장의 어깨를 두드리며)에휴…. 아무튼 내일 보
             자고.[5]

정 사장은 이 과장을 뒤로하고 먼저 걸어가고, 이 과장은 그 뒷모습을 바라본다.

S#10. 정 이사의 집 / 밤
준식이와 함께 있는 정 이사. 자신의 컬렉션 중 별로 필요 없는 인형 몇 가지를 들고 와서 준식이에게 준다.

준식이는 인형들과 함께 노는 중. 바닥에 엎드려 준식이를 보고 있는 정 이사는 매우 행복해 보인다.

정 이사   준식이~ 카와이~

─────────────────── 주 ───────────────────

1) 1~5화에서는 이야기가 매일 순서대로 흘러갑니다. 하지만 시즌 2 부터는 '평범한 사무실의 하루'라는 식으로 중간이 생략되었음을 암시합니다. 아무래도 회사라는 곳이 매일매일 특이하고 기억할 만한 일이 있는 버라이어티한 공간이 아니기 때문에 이야기를 매일 쭉 이어나가는 것이 어려웠습니다. 또 향후 반응에 따라 〈종종소〉를 시트콤으로 만들어도 좋겠다는 생각이 들기도 해서였습니다. 이러한 확장성을 열어두는 시도가 가능했던 건 〈종종소〉가 기존 드라마나 정의된 장르가 아닌, 단지 '유튜브 콘텐츠'였기 때문이었던 듯합니다.

2) 개가 나오는 시나리오에서는 극 외부적으로도 신경 쓸 것이 많았습니다. 시대의 흐름상 동물을 학대하거나 하찮게 보는 듯한 표현이 문제가 될 수도 있었습니다. 인터뷰하면서 들은 실제 사례는 사장이 아무 이유 없이 개를 데려와 모든 뒷바라지를 직원에게 맡기는 것이었고, 극에서 그대로 표현하면 개연성이 떨어질 수 있어 개를 데리고 오는 이유를 만들어야 했습니다. 고증이 살아 있는 에피소드가 아닌 강아지를 등장시키고자 억지로 만든 에피소드라고 생각하는 시청자들도 많았지만 실제로 회사에서 개를 키웠던 시청자들께서는 많은 공감을 해주셨습니다.

3) 극 중반부터 나오는 백진상 캐릭터에 대한 약간의 복선이 깔려 있는 대사입니다.

4) 강아지 소재 하나만 가지고는 내용이 부실하다는 생각이 들었습니다. 그래서 살짝 추리물이나 스릴러 느낌이 날 수 있게 추가적으로 소

재를 편성함과 동시에 마냥 착한 사람인 것 같았던 이 과장도 어딘가 결함이 있는 캐릭터로 묘사해 우리 모두 완벽한 인간은 아님을 표현하고자 했습니다.

5) 원래는 사장이 고래고래 소리를 지르는 내용이었습니다. 그러나 이 과장님과 회의하면서 의외로 사장이 직원의 잘못을 눈감아줄 때가 많다는 사실을 알았습니다. 회사에서 어느 정도 비중 있는 직원의 잘못을 혼자 발견하는 것은 상당히 곤란한 경우라 정 사장도 아마 이렇게 행동할 듯하다는 피드백을 받았고, 그에 맞게 대본을 수정했습니다.

9화.
참된 좋소기업 상사

S#1. 정승 네트워크 사무실 / 낮

평범하게 흘러가고 있는 정승 네트워크 사무실. 정 사장의 전화로 전화가 온다.

정 사장   어어~ 백 차장~ 오전 11시 도착이라고? 아, 그러면 저기… 와
서 나랑 점심이나 먹자. 우리 회사 주소 아직 모르지? 내가 보
내줄게. 어어, 그래. 여기 뭐… 똑같아~ 그렇지, 뭐~ 아, 그 내
가 전에 부탁한 거, 러시아 술(Beluga) 같은 거는 가지고 오는
건가?

전화하고 있는 정 사장을 배경으로 이 과장이 조충범에게 말을 건다. 조충
범은 노트북으로 엑셀 파일 하나를 정리하고 있는 중.

이 과장   조 주임, 그 백 차장님 얘기 들은 적 아직 없죠?
조충범   (하던 일을 멈추고)아, 옙.
이 과장   조 주임 오기 전에 러시아로 출장 좀 길게 가신 분인데, 이번에
일 마무리돼서 들어오시나 봐요. 어… (조금 생각하다가)일 잘
하시는 분인데, 이것저것 많이 배우면 좋을 거예요.
조충범   알겠습니다.[1]

S#2. 여객 터미널 / 낮

여객 터미널을 나오는 백진상과 러시아인. 손수레에 본인의 짐과 지저분한 박스 등
이 실려 있다. 러시아인은 백진상보다 먼저 짐을 들고 떠난다.

백진상   Ok. See you soon guys.

인사를 하는 러시아인.

백진상   (한숨, 핸드폰을 보며)하……. 오자마자 쳐부르네, 지미 씨발
꺼….

짐을 가지고 택시타는 쪽으로 향하는 백 차장.

S#3. 정승 네트워크 사무실 / 낮
점심 이후의 정승 네트워크. 이 과장에게 보이스톡이 온다.

이 과장   (전화를 받고)아 예, 백 차장님. 아 예, 예. 지금 오셨나요? 아,
그러면 나갈게요.

전화를 끊고 조충범에게 말을 거는 이 과장.

이 과장   조 주임님, 지금 백 차장님 택시 타고 오셨다는데 짐이 좀 많다
고 하는데, 저랑 나가서 좀 도와드리죠.
조충범   (일어나며)옙.

S#4. 정승 네트워크 건물 앞 / 낮
조충범과 이 과장이 밖에 나와 있다. 건물 앞으로 택시 한 대가 선다. 택시에서 내리
는 백 차장.

백진상   (택시에서 내리며)어이고~ 오랜만에 봬요, 과장님~

이 과장   (악수를 하며)아이고, 수고 많으셨어요, 백 차장님. 이게 뭔 고생이야, 진짜.

백진상   일단 그 얘기는 나중에 하고….(택시 아저씨에게)아저씨, 트렁크 좀 열어주세요. 뒤에 짐이 많아서 저것 좀 옮겨야 돼요.

이 과장   네, 네.(조충범에게)같이 옮기시죠.

조충범   넵.

짐을 옮기려 도와주려고 움직이는 조충범을 보고 백진상은 잠시 쳐다본다.

백진상   이 과장님.(턱으로 조충범을 가리키며 못마땅하게)앤 뭐예요?[2]

조충범   (당황하며)아… 안녕하세요. 저는 조충범이라고 합니다. 얼마 전에… 재입… 아니 입사했습니다.

백진상   (이해 안 된다는 듯)재입사?

이 과장   아아, 이번에 새로 들어온 분이에요.

백진상   (관심 없다는 듯)아~ 뭐, 아무튼 옮깁시다.

셋은 택시에서 짐을 내려서 옮긴다.

S#5. 정승 네트워크 사무실 / 낮

짐을 옮겨 사무실로 들어온 세 사람. 백 차장을 본 정 사장이 자리에서 일어나 반겨준다. 정 이사와 이미나는 백 차장을 보고 대충 인사를 하고 제 할 일을 한다.

정 사장   이야~ 빽 차장~ 얼굴 까먹을 뻔했어, 진짜로~

백진상   (특유의 허세를 부리며)크… 러시아에서 재미 존나게 좋았는데…. 좀 더 있을까 했는데 말이죠.

정 사장　무슨 소리야~ 우리 회사 어떻게 먹고살라고~ 허허. 나 백 차장 기다린다고 또 점심 안 먹고 있었지~ (조충범을 보며)그 조 주임! 식당 예약해놨어?

조충범　아, 넵. 괜찮아 보이는 일식집으로 예약해놓았습니다.

백진상　일식집? (짜증 난다는 듯)아… 러시아에서 맨날 초밥 먹었는데….

조충범　아… 죄송합니다.

백진상　(중얼거리며)센스가 없냐… 식당 두세 개 여유 있게 예약하는 게 기본 아닌가?

정 사장　(백 차장을 데리고 가며)아이 아이, 내가 따로 얘기를 못했어, 미안해. 뭐, 회 괜찮지?

백진상　가야죠, 뭐, 어떡해.

정 사장　오케이 오케이, 가자고.

정 사장과 백 차장은 나가고, 이 과장이 조충범에게 온다.

이 과장　조 주임님, 이거 아마 선물이랑 샘플 섞여 있을 텐데, 선물은 사무실에 두고 샘플은 저랑 같이 창고에 가져다 놓죠.

조충범　(짐을 들며)네, 알겠습니다.

짐을 옮기고 있는 두 사람. 이미나도 일어나서 돕는다. 박스를 열어 물건을 옮기며 이미나는 무표정으로 나지막하게 혼잣말을 읊는다.

이미나　(작게)에이~ 씨발럼.

S#6. 일식집 / 낮

비싼 회를 시켜서 먹고 있는 정 사장과 백 차장. 이미 한창 얘기가 진행 중이다.

백진상　아니, 그러면 뭐야, 한번 도망쳤다가 다시 돌아왔다는 거예요?

정 사장　그래, 그렇다니까.

백진상　근데 왜 또 받아줬어요?

정 사장　아니, 지가 다시 다닌다고 하기도 했고…. 얘가 도망가기 전에 피피티를 만들고 갔는데, 그게 떡하니 돼버린 거야. 당장 2분기부터 태해물산을 이미나랑 이 과장 둘이 해야 되니까…. 사람도 필요하겠다, 어떻게 하나 보려고 그랬지.

백진상　아니, 뭐… 사장님 생각이 그러면 어쩔 수 없는데…. 난 딱 보니까 관상이 영 별로더라고…. 그럼 이참에 내가 정신 개조 한번 시켜야겠네. 제가 또 사람 만드는 건 전문 아닙니까.

정 사장　에이 뭐, 지금은 열심히 하려고 하는 것 같던데…. 그나저나, 그 러시아 얘기 좀 해봐.

백진상　(음흉하게 웃으며)뭐, 러시아 여자 얘기요? 제부씨까?(러시아어)

정 사장　(당황한 투로 웃으며)아니~ 씨~ 무슨 여자 얘기야~ 비즈니스 말하는 거지, 비즈니스. 하하.

백진상　(웃으며)아니, 왜요. 러시아 가서 재미 좋았는데. 이러니까 내가 결혼을 안 하지~

정 사장　이야~ 대단해, 아주~

백진상　아무튼 뭐…. 첨에 잃어버린 물건은 그때 말씀드렸고…. 제가 블라디 있으면서 우즈벡 애들을 좀 만났는데요. 알죠, 사장님? 우즈베키스탄! 얘네가 옛날에 러시아랑 같은 소련이었거든. 그래서 러시아에 우즈벡 애들이 많아요.[3]

정 사장 어어.

백진상 근데 존나 신기한 게 뭐냐면, 우즈벡에서 한국 차 다마스를 존나게 많이 타요.

정 사장 엥? 왜?

백진상 이유는 잘 모르겠는데, 아무튼. 그 우즈벡 도로가 한국처럼 깨끗하지 않아요. 길이 험해, 그래서 허구한 날 고장 나니까 다마스 부품 수요가 많대요.

정 사장 (흥미가 도는 듯)오~

백진상 우리나라에서 이거 아는 사람 아직 많지 않을 거야. 실제로도 공급이 많이 달려요. 그래서 이거 우리가 선점해서 중고차 부품 떼다가 갖다 팔자, 이거죠.

정 사장 와… 아이디어 진짜 괜찮다…! 천재 아냐, 백 차장?

백진상 (으쓱하며)아이… 제가 이 바닥 짬밥이 있는데….

정 사장 야, 그러면 그 나 아는 장 과장이 또 러시아 쪽 포워딩 전문가잖아. 거기랑 같이 하면 되겠다!

백진상 (불편해하는 기색으로 표정이 달라지며)예? 장 과장이요? 에이… 이거 우리가 혼자 하면 되는데 뭐 하러 거기랑 같이 나눠 먹어요? 널린 게 업체인데….

정 사장 (설득하는 투로)그래도 큰 건은 우리랑 잘 아는 전문가랑 붙어서 하면 좋지! 예전에 도움받은 것도 있고! 어쨌든 좋은 소식 들고 와서 기쁘네. 백 차장~! 야~ 이거 씨, 사케 한잔해야겠는데? 술 괜찮지?

백진상 (표정이 조금 안 좋아지며)사장님 차 가져오지 않았어요?

정 사장 대리 부르면 되지~ 까짓거 얼마 한다고~ (벨을 누르고 메뉴판을 보여주며)저기요~ 저희 이거 사케 하나만 갖다주세요~

잠시 후 사케가 나오고, 사장과 백 차장은 서로 술을 따라준다. 뭔가 마음에 안 드는 백 차장은 아까 즐거웠던 표정과는 다르게 뭔가 어색한 얼굴빛을 띤다.

정 사장   (술을 주고받으며)아무튼 몸 안 다치고 무사히 온 거 축하하고, 올해도 한번 달려보자고. 자~ 건배!

백진상   (떨떠름하게)아, 옙.

둘은 건배를 하며 술을 마신다. 술을 마시며 정 사장을 흘겨보는 백 차장.

S#7. 정승 네트워크 사무실 / 저녁

같이 사무실로 들어오는 백 차장과 정 사장. 백 차장이 정 사장에게 물어본다.

백진상   사장님, 제 자리는 어디예요?

정 사장   어어, 책상이 남는 게 없나? (비어 있는 지저분한 자리를 보며) 저기 일단 세팅하자. 조 주임~

조충범   (다른 일을 하다가)아 넵.

정 사장   저기 자리 좀 정리해줄래?

조충범   (일어나며)알겠습니다.

백진상   (손을 저으며 조충범에게)그 그, 정리 좀 있다 하고, (무시하는 투로)그대, 이름 뭐라고 그랬지?

조충범   (일어나서 뻘쭘하게)아 옙, 조충범입니다.

백진상   담배 태워?

조충범   아뇨….

백진상   (살짝 짜증)…잠깐 나랑 바람 좀 쐴까?

조충범   넵.

S#8. 정승 네트워크 건물 흡연장 / 저녁

흡연장에 도착한 둘. 백진상은 담배를 꺼내 물고 태우기 시작한다. 맛깔나게 담배를 피는 백 차장.

백진상   (담배를 한번 크게 핀 후)…충범?

조충범   (살짝 놀라며)넵.

백진상   몇 살이냐?

조충범   스물아홉 살입니다.

백진상   너 토꼈다가 왔다며?

조충범   (머쓱하게)아… 넵.

백진상   내가 씨바, 원래 너 같은 애들 정신 교육 전문이거든? 근데 나이 먹고 많이 죽었다, 내가… 진짜 하… 씨바. 너 내 밑에서 일하려면 처신 잘해라.

조충범   (조금 무서워하며)아, 알겠습니다.

백진상   요즘 업무는 뭐 하냐?

조충범   아… 제가 만들어놓았던 국가 사업 관련해서 조금 더 디테일하게 조사하고 있고…. 이 대리님이랑 이 과장님한테 관세사랑 해운사 커뮤니케이션하는 것 등을 배우고 있….

백진상   (말을 끊고 신경질을 내며)뭐, 이 대리님, 이 과장님?

조충범   예? …아, 이 대리님이랑 이 과장님한테… (눈치를 보며)관세사…랑 해운 회사…랑 통화하는 거나… 송장 쓰는 법 같은 거….

백진상   야, 너 지금 뭐 잘못되지 않았어?

조충범	어….(전혀 모르는 투로 고개를 갸우뚱거리며)단어…가?
백진상	아니, 하… (답답해하며) 너 군대 안 갔다 왔냐?
조충범	다녀왔습니다.
백진상	아니, 압존법 모르냐고~?[4] 지미 씨바, 너 대리, 과장, 차장 중에 뭐가 제일 높아?
조충범	차장…으로 알고 있습니다.
백진상	그렇지. 내 직급이 뭐야.
조충범	차장님이십니다.
백진상	근데 나한테 이 대리님? 이 과장님? 내가 걔네보다 아래야?
조충범	(깨달았다는 듯)아~ 죄송합니다. 미처 생각을 못했습니다.
백진상	(담뱃재를 털고 담배를 끄며)미처 생각을 못하기는…. 씨바 그냥 미친 거지. 정신 똑바로 차려, 인마. (사무실로 들어가려고 하며)이 바닥 만만하게 보지 말고. 그리고 너 무역 용어들 나중에 내가 직접 시험 볼 테니까 공부하고 있어라, 알았어?
조충범	예… 알겠습니다.
백진상	(사무실로 들어가며)…가자.
조충범	넵.

사무실로 들어가는 둘.

+왓챠 추가본 S#9. 정승 네트워크 사무실 / 저녁
모두가 퇴근하고 조충범과 이 과장, 이미나만 남은 사무실. 이미나가 먼저 퇴근한다.

조용히 조충범을 부르는 이 과장. 이 과장 자리로 가는 조충범.

이 과장	조주임, 아까 나가서 백 차장님이랑 무슨 얘기했어요?
조충범	(머뭇거리며)어… 그냥 별건 아니고….
이 과장	백 차장님 조금 별로죠?
조충범	아, 아닙니다.
이 과장	조금 성깔 있는 분인데, 잘 맞춰주세요. 입이 거치니까 잘 적응하구요.
조충범	네, 알겠습니다.
이 과장	오늘 크게 바쁜 거 없으면 같이 퇴근하시죠.
조충범	네. (나가려다가)근데… 저, 과장님.
이 과장	네?
조충범	(억울한 말투로)그 압존법…이라는거…. 저희 회사에서도 원래 지키나요?
이 과장	압존법? 그게 뭐예요?
조충범	그… 차장님한테 얘기할 때… 이 과장님을 '이 과장'이라고 말하는 그런 거….
이 과장	(곰곰이 생각하다가)아… 차장님이 뭐라고 하세요?
조충범	네, 아까 지적 받아가지구요.
이 과장	(웃으며 어깨를 두들기며)그럼 시키는 대로 해주세요. 불 끄고 갑시다.
조충범	옙….

S#10. 러시아 식당 / 낮

식당에서 식사를 하는 백진상과 러시아인. 영어로 대화를 하고 있다.

백진상	(못하는 영어)I told him situation about Uzbekistan. But

company could change.

러시아인   Da Da. Good.

백진상   (번역기를 보며)Ok. So, I will contact factory. Is everything good? You?

러시아인   Haha. No problem, friend. 우리 친구, 친구. Just contact me when it's time to pay for the goods. It was recruited as a bank with no credit problems.

백진상   (알아듣지 못했지만 대충)Ok. I believe you.

음식이 나온다.(허접한 음식과 홍차)

러시아인   Eat this. Very good Uzbek food.

백진상   Ok Ok.

같이 음식을 먹는 둘.[5]

쫑쫑쇼
[9화 끝]

주

1) 이번 화는 백진상 차장의 등장 외 다른 이야기는 일절 없는 에피소드입니다. 개인적으로도 큰 힘을 쏟지 않았던 회차이고, 쉬어 가는 단계였습니다. 그러나 내용적으로 백진상의 악랄한 캐릭터성과 더불어 백진상 역을 맡은 김경민 배우의 연기력에 인터넷 커뮤니티에서 꽤 화제가 되어 실제로 굉장한 인기를 끈 회차였습니다. 앞의 두 회차가 개그에 치중한 에피소드이다 보니 많은 시청자가 오랜만에 진한 고증이 들어간 에피소드를 기다렸던 것 같습니다.

2) 백진상의 캐릭터를 그리는 데 있어서 가장 중요한 장면이었습니다. 나이가 많다는 이유로 처음 보는 직원을 하대하는 모습을 묘사해, 백진상이 평소 어떤 생각과 마음가짐으로 타인과 교류하는지 짧은 시간에 간단하게 표현하고자 넣은 장면입니다. 실제 촬영 현장에서도 김경민 배우에게 꼭 턱으로 거만하게 가리켜달라고 주문해서 만든 장면입니다.

3) 우즈베키스탄에 관련된 내용은 실제 제가 방문해서 눈으로 직접 본 실화입니다. 제 여행기를 재밌게 봐준 팬분들에 대한 일종의 서비스로 넣은 내용이기도 합니다. 〈좋좋소〉 전체를 통틀어 감독인 제가 확실하게 스스로 고증할 수 있는 부분은 아무래도 해외 관련 부분이었습니다.

4) 압존법 일화는 제가 스무 살이 되어 막 아르바이트를 시작한 첫날에 겪은 경험담입니다. 군대에서도 사라져가는 언어 문화였지만 2006년 당시에는 회사나 일터에서 너무나 당연하게 여겨지는 법칙이었습

니다.

5) 이 장면에서는 원래 러시아인이 사기꾼이라는 복선을 넣고자 했습니다. 그러나 영어 대사의 문제, 그리고 짧은 시간에 트릭을 쓰는 것이 쉽지 않아 그냥 평범하게 둘이 대화하는 심심한 장면으로 마무리 지었습니다.

10화.
사랑이 싹트는 좋소

[1)]S#1. 정승 네트워크 건물 흡연장 / 낮

어느 날, 담배를 피고 있는 정 사장과 백 차장, 이 과장. 셋이서 도란도란 수다를 떨고 있다.

정 사장   그 회사 공장 라인이 남양주에 있는데 바쁘다고 직원들 일요일에 출근시켰다가 한 명 과로사 같은 걸로 쓰러졌대. 그래서 지금 올 스톱이라는데?

백진상   과로사? 뻥끼 치는 거 아냐? 그 회사 컨택 이 대리가 하지 않나?

이 과장   (핸드폰을 뒤져보며)저번에 단카방에서 얘기했던 것 같은데…. 음? 이미나 대리 프로필 어딨지?

백진상   왜요?

이 과장   사진이 안 보이는… 아 여깄다. 아~ 프사를 바꿨네.

백진상   (이 과장이 들고 있는 핸드폰을 보며)음? 원래 남자 친구랑 같이 찍은 사진 아니었나?

정 사장   봐봐. (같이 핸드폰을 보며)어? 없어졌네?

백진상   헤어졌구만. 얘는 뭐 남자 친구가 맨날 바뀌어. (담배를 끄며) 하긴, 반반하게 생겨서 주변에서 내비두겠어? 그나저나, 저희 오늘 추어탕 갈까요?

정 사장   어, 오랜만에 추어탕 좋지.

담배를 다 피우고 사무실로 들어가는 셋.

S#2. 정승 네트워크 사무실 / 낮

밖에서 들어오는 세 사람. 정 사장과 이 과장은 자기 자리로 돌아간다. 백 차장은 자기 자리로 가려다가 슬금슬금 이미나 자리 근처로 간다. 이메일을 타이핑하고 있는 이미나.

백진상	이 대리~ 프사 바뀌었더라?
이미나	(전혀 신경 쓰지 않고 타이핑을 한다)네.
백진상	원래 남친이랑 찍은 사진 아니었나? (전혀 모른다는 투로)…아니 뭐, 헤어지기라도 한 거야?
이미나	(쳐다보지 않고 계속 타이핑을 하며)네.

이미나의 대답에 조충범은 다른 일을 하다가 갑자기 놀란다. 가슴이 두근거리는 조충범. 그 시각, 같은 대답을 듣고 정 이사 역시 핸드폰으로 나무위키를 보다가 놀란다. 가슴이 두근거리는 정 이사.

백진상	(마치 몰랐다는 듯이)아~ 어쩐지~ 이 대리, 내가 관상 볼 줄 아는데, 그 친구 얼굴에 바람기 있더라. (자기 자리로 돌아가며) 잘됐어. 실한 놈 또 만나면 되지.
이미나	…. (쳐다보지 않고 자기 일에 집중)

전혀 동요하지 않고 자기 할 일을 하는 이미나. 그런 이미나를 조충범과 정 이사가 각각 눈치를 보며 쳐다본다. (서로는 알지 못한 채)

S#3. 정승 네트워크 사무실 / 낮
시계가 점심시간을 가리킨다. 정 사장이 일어나서 직원들에게 말한다.

정 사장	오늘 추어탕 먹으러 갈 건데, 같이 먹을 사람 가자~

이미 얘기가 된 백진상과 이 과장은 자리에서 일어나 나갈 채비를 한다. 질문 후 다른 직원들 반응을 살피는 정 사장.

이미나와 정 이사, 조충범은 반응이 없다.

정 사장　　뭐야, 나머지는 안 가? 야, 정 이사, 너 추어탕 좋아하잖아?

정 이사는 바로 대답하지 못하고 우물쭈물하며 이미나의 눈치를 살핀다.그때 이미나가 대답한다.

이미나　　저는 이거 쓰던 거 마저 해야 돼서 알아서 먹을게요.
정 사장　　(수긍하며 나머지 인원들을 보고)그럼 조 주임이랑 정 이사는….
조충범　　(이미나의 대답을 들은 후 생각난 듯 일하는 척을 하며) 아, 저도 하던 게 마무리가 안 돼서 따로 가겠습니다.
정 이사　　(질 수 없다는 듯)아, 저도. 저 배 아파서요.
정 사장　　그래? 뭐 알았어. 우리끼리 갈게, 그러면.

사무실을 나가는 세 사람. 계속 하던 일을 하는 이미나와 조충범. 정 이사는 조충범을 멀리서 노려본다.

S#4. PC방 / 밤

PC방에서 음식을 시켜놓고 컴퓨터를 하는 정 이사. 누군가와 채팅을 시작하는 정 이사. (화면에 왼쪽 오른쪽 채팅 메시지 출력)

정 이사　　제르엘 씨, 오랜만의 재회네요.
제르엘　　킨타쿤, 무슨 일로 절 소환하신 건가요?
정 이사　　제가…. 제르엘 씨와 사랑에 대해 좀 얘기해보고 싶어서요.

제르엘	사랑이라면 키쿠노 메히지의 히카리 양을 말씀하시는 건가요?
정 이사	아뇨, 이번엔 실제 여성입니다.
제르엘	오오오 킨타쿤!!! 실제 여성 인간이라니!! 나 제르엘, 전문가는 아니지만, 최선을 다해 당신을 돕겠습니다. 지금 상황을 먼저 알려주세요.
정 이사	제가 다니는 회사에 꽤 나쁘지 않게 생긴 여성 동료가 있습니다. 얼마 전 남자 친구랑 헤어졌구요. 가슴 아파 하는 모습이 제 부성애를 자극하더군요.
제르엘	흐음, 흔히 있는 일이죠.
정 이사	문제는 회사에 들어온 지 얼마 안 된 애송이가 있는데, 이 녀석도 그분을 좋아하는 느낌입니다. 심지어 저와 그 여성 사이를 방해하기도 합니다.
제르엘	큿소… 눈치 없는 녀석 같으니…. 회사에서 그 녀석의 레벨은 어느 정도입니까?
정 이사	저보다 한참 낮은 '주임'이란 계급입니다.
제르엘	그렇다면 문제없겠군요. 하찮은 녀석 주제에 감히…. 킨타쿤, 여성은 적극적인 남성을 좋아하는 법입니다. 훨씬 강하게 밀어붙이시죠.
정 이사	어떤 방법이 있을까요?

이로써 제르엘의 정 이사 코치가 시작된다.[2]

S#5. 정승 네트워크 사무실 / 낮

정승 네트워크의 평범한 하루. 사장은 안 보이고 이 과장과 백진상, 조충범, 이미나, 이 과장만 있다. 조충범이 뭔가를 하다가 이해가 안 가는 듯 송장 서류를 들고 이미나에게 간다. 멀리서 그 모습을 보게 된 정 이사.

조충범   (이미나에게 와서)이 대리님, 저 조금 헷갈리는 게 있는데요. 여기 이 부분은 포장 파손 관련해서 보험 처리가 되는 건가요? 찾아봤는데 모르겠어가지고….

이미나   (자기 일을 하다가 알려주며)아, 이거는 한번 볼게요. 포장 파손… 이건 보험 처리되는 거고…. 이런 경우에 메일을 한번 더 보내서….

그때 정 이사가 갑자기 끼어든다.

정 이사   조충범 씨, 아니, 조 주임, 모르는 게 있어요?

조충범과 이미나가 살짝 놀라서 정 이사를 쳐다본다.

조충범   네… 네?

이상한 냄새를 맡은 이미나가 무표정하게 코를 옷소매로 살짝 가린다.

정 이사   (조금 머뭇거리며)제가… 지금 딱히 할 게 없는데 이미나 대리는 바쁜 것 같아서…. 제가 대신 알려줄게요.

조충범   어… (어려워하며)네… 알겠습니다.

정 이사   제 자리로.(자리로 돌아간다)

정 이사 자리로 가는 조충범. 조충범은 정 이사에게 다시 한번 질문한다.

조충범	그… 이거 포장 파손 관련해서… 보험 처리가….
정 이사	(서류를 조금 훑어보다)…안 됩니다.
조충범	네? 어… 근데 아까 이 대리님은 된다고….
정 이사	저는, 전 이사입니다. 제가 보니까 안 되네요. 그렇게 아시면 될 것 같아요. 나중에 또 모르는 거 있으면 (손가락으로 자기를 가리키며)'저'한테 물어보세요.
조충범	(어리둥절해하며)아… 옙….

자리로 돌아가는 조충범.[3]

S#6. 정승 네트워크 사무실 / 낮

정 이사가 탕비실 찬장에서 제티를 타기 위해 바스락거리고 있다. 그때 이미나가 와서 커피를 타기 위해 정 이사 옆으로 와서 믹스 봉지를 꺼낸다. 가슴이 두근거리는 정 이사. 고개를 이미나 반대쪽으로 돌린 후 혼잣말을 하는 정 이사.

정 이사	(중얼거리며 혼자 씨익 웃으며)왜 하필…?
이미나	(커피를 타다가 잘 못 들어서 정 이사 쪽으로 고개를 살짝 흔들며)예?
정 이사	아… 아니에요. 이 대리, 커피 타드릴까요?
이미나	(전혀 신경 안 쓰는 투로)아뇨, 제가 탈게요.

정 이사는 아랑곳하지 않고 어설픈 실력으로 이미나의 커피를 타준다. 커피를 한강물처럼 만들어서 주는 정 이사.

이미나	음? 안 해주셔도 되는데?

정 이사   (아랑곳하지 않고 고개를 끄덕이며)맛있게 드세요.

정 이사는 멋있게 자리를 뜬다. 정 이사가 탄 한강물 커피를 받아 든 이미나.
그 자리에서 싱크대에 버리고 새로 커피를 탄다.

S#7. 정승 네트워크 건물 흡연장 / 낮

흡연장에서 백진상과 이 대리가 얘기를 하고 있다. 뭔가 심각한 얼굴로 듣고 있는 이
미나, 그리고 진지한 자세로 얘기하는 백진상. 멀리서 그 모습을 정 이사가 보고 있
다. 마음이 초조한 정 이사.

정 이사   (혼잣말로 백진상을 노려보며)저 자식….

S#8. PC방 / 밤

다시 제르엘과 채팅을 하고 있는 정 이사.

정 이사   제르엘 씨, 오늘은 큰 진전이 있었습니다.
제르엘   오오, 그린라이트인 것입니까?
정 이사   네, 제가 커피를 탈 때 아무 이유 없이 제 옆으로 여성분이 오더
         라구요. 확실히 저한테 호감이 생겼나 봅니다. 다만, 걱정인 것
         은 다른 경쟁자 놈들이 그 여성분에게 치근덕대고 있습니다.
제르엘   킨타쿤, 지금이 타이밍입니다. 지체하다가 다른 녀석들에게 뺏
         길 수 있어요. 내일 바로 실행에 옮기시죠. '그 작전'을….

S#9. 정승 네트워크 사무실 / 밤(퇴근 시간)

정 사장, 백진상이 퇴근한 사무실. 이 과장도 퇴근하려고 하고 있다.

이 과장   저 먼저 들어가볼게요~ 이 대리님, 조 주임님, 정 이사님, 안 들어가세요?

이미나   네, 전 몇 분만 더 하고 가려구요.

조충범   저도 조금만 더 하고 퇴근하려구요. 들어가십쇼, 과장님.

인사를 하는 이미나와 조충범, 그리고 퇴근하는 이 과장. 정 이사는 조충범을 무섭게 노려본다. 어딘가에 전화를 하는 이미나. (이때 이미나는 새로 사귄 남자 친구에게 데리러 오라고 전화를 한다)

정 이사   (혼잣말로 조충범을 노려보며)…역겨운 방해물….

정 이사는 갑자기 주변에 있던 피규어나 물건을 아무거나 박스에 담는다.

정 이사   (일어나서 약간 강압적으로)조 주임, 잠깐만 이쪽으로.

조충범   네? 네.

정 이사 쪽으로 가는 조충범.

정 이사   이거, 제가 급하게 보내야 돼요. 이것 좀 택배 부쳐주세요.

조충범   (못마땅해하며)아… 넵. 어디로요?

정 이사   어… (생각이 안 난다)음… 여기 이 주소로….(핸드폰을 보여줌)

조충범   아, 넵… 그럼 카톡으로 보내주세요. 다녀오겠습니다.

의아해하면서도 박스를 받아 들고 사무실을 나가는 조충범. 정 이사는 이미나의 눈치를 살핀다. 아무 생각 없이 자기 업무 메일을 보고 있는 이미나. 정 이사는 자리에 앉아 심호흡을 한다.

제르엘   NA : 퀘스트 3, 마지막. 요즘 트렌트는 속전속결입니다. 여성분에게 약간의 호감이라도 감지하는 순간 바로 진격해야 합니다. 강력한 막타로 혼을 쏙 빼놓는 거죠. 최종화에선 그 여성분은 킨타쿤 품속에 있을 겁니다.

정 이사는 마음을 가다듬고 이미나에게 카톡을 보낸다.

정 이사   '이미나 대리, 잠깐만 싱크대 윗찬장 열어볼래요?'

이미나는 카톡을 받았지만 아무렇지도 않게 무시한다. 정 이사는 초조해한다. 미동도 없자 정 이사는 도저히 참을 수 없는지 일어나서 이미나 대리에게 말한다.

정 이사   이 대리, 미안하지만 지금 싱크대 윗찬장을 열어주세요.
이미나   (일을 하다가 멈추고)네??
정 이사   지금요.
이미나   (아니꼬운 듯이)아니, 왜요?
정 이사   아니… 그… (당황하다가)(당당하게)이사의 명령입니다.

이미나는 한숨을 푹 쉬며 짜증 난 듯이 일어나 싱크대 찬장으로 간다. 찬장을 열어보니 큰 종이에 '사장님 뒤 큰 사물함을 열어보세요'라고 쓰여 있다.

이미나   (종이를 보고)이게 뭐야?

정 이사   (작전이 잘 진행된다는 듯 웃으며)쪽지가 있나요?

눈치를 깐 이미나는 바로 찬장을 닫고 자기 자리로 온다. 당황하는 정 이사.

정 이사   저기… 사물함….

이미나   (무표정하게)저 이거 빨리 보내고 가야 돼요.

정 이사   아… 안 되는데….

다급해진 정 이사는 어쩔 줄 몰라 하다가 본인이 직접 마지막 서랍에 숨겨 둔 꽃과 편지를 꺼내서 이미나에게 전달한다. 그 모습을 무표정하게 쳐다보는 이미나.

정 이사   (두 손으로 꽃과 편지를 전달하며)이미나 씨, 부디 편지를 읽어 주….

이미나   (한숨 쉬고 무표정하게 컴퓨터를 정리하며)저 어제 남자 친구 생겼어요. (전화를 걸며)먼저 퇴근할게요. 어, 나 나가.

이미나는 능숙하게 정 이사의 꽃다발을 건네받아 조충범의 자리에 놓는다. 그 모습을 보고 선 채로 얼어버린 정 이사. 이미나는 아랑곳하지 않고 짐을 챙긴 후 밖으로 나간다. 정 이사는 잠깐 얼어 있다가 편지를 들고 이미나를 쫓아 밖으로 뛰쳐나간다.

정 이사   이 대리, 잠깐만요!

몇 초 후, 조충범이 사무실로 돌아온다.

조충범　　　(살짝 숨이 가쁜 채로)편의점에서 부치고 왔습니다···. (책상 위
　　　　　　　 꽃다발을 보며)엉?

S#10. 정승 네트워크 건물 앞 / 밤

밖으로 뛰쳐나온 정 이사. 편지를 들고 저 멀리 가는 이미나를 쫓아가는데 갑자기 건
물 앞으로 자동차가 한 대 헤드라이트를 켜고 들어온다. 눈부셔서 제대로 앞을 못 보
는 정 이사. 다시 보니 차가 한 대 서 있고 이미나는 차에 바로 탄다.

정 이사　　　　　 (좌절한 표정으로)아···.

자동차는 그대로 건물 앞에서 떠난다. 그 모습을 더 멀리서 쓸쓸하게 지켜
보고 있는 조충범.

S#11. 정승 네트워크 사무실 / 낮

다음 날, 정 이사와 정 사장을 제외한 모든 인원이 출근한 사무실. 조충범이 어제 받
은 꽃으로 꽃꽂이를 하고 있다. 이 과장이 담배를 피러 나가다가 그 모습을 발견하고
조충범에게 묻는다.

이 과장　　　그 꽃 뭐예요, 조 주임?

조충범　　　(꽃꽂이를 하며)저도 모르겠어요. 어제 제 책상 위에 올려져 있
　　　　　　　더라구요.

이 과장　　　엥? 누가 준 거예요? (정 이사 자리를 보며)아니, 근데 정 이사
　　　　　　　님은 왜 출근 안 하지? 오늘 휴가예요?

조충범　　　(계속 치우며)잘 모르겠어요.

이미나는 전혀 신경 쓰지 않고 제 할 일을 하고 있다. 의아해하는 이 과장.[4]

+왓챠 추가본 S#12. 미스터 피자집 / 낮

피자집에 자리를 잡고 앉아 있는 정 이사, 누군가를 기다리는 듯하다. 그때 피자집 문을 열고 들어오는 한 남자. 정 이사는 그 남자와 핸드폰을 번갈아가며 보면서 확인한다. 그 남자는 식당을 두리번거리다 정 이사 쪽으로 와서 묻는다.

제르엘　　혹시… 킨타쿤…?
정 이사　　제르엘 2세?

제르엘은 자리에 앉는다.

제르엘　　아아, 킨타쿤, 이렇게 실제로 뵈니 실물이 훨씬 젠틀하시네요.
정 이사　　네, 제르엘 님두요.
제르엘　　아무튼, 그 여성과의 스토리는 그렇게 배드엔딩으로 끝난 겁니까?
정 이사　　끝은 아니라고 생각합니다. 포기 안 하려구요. 다만, 어제의 대미지가 너무 커서 잠깐 휴식이 필요해요. 준식이도 클 때까지 좀 더 돌봐야 하고….
제르엘　　첫 애인이 될 여성이니 공들여야죠.

종업원이 다가온다.

제르엘　　(메뉴판을 들고 소심하게)저기… 이거 주십쇼.
정 이사　　잠깐의 재정비 후, 다시 도전해볼 생각입니다. 아직 끝나지 않았다고 생각합니다.

제르엘 그렇죠. 골키퍼 있다고 골 못 넣나요. 그나저나 킨타쿤, 오늘 출근해야 하지 않나요? 휴가 냈나요?

정 이사 아뇨, 제 마음대로 나가지 않은 겁니다. 당분간 출근하지 않으려구요.

제르엘 어엇, 그래도 회사인데… 그게 가능한가요?

정 이사 (웃으며)아, 이래봬도 저는 회사에서 두 번째로 높은 계급, 이사입니다.

제르엘 오오, 킨타쿤… 역시 능력자….

피자가 나오고, 둘은 피자를 맛있게 먹는다.

S#13. 정 사장의 집 현관 / 낮

정 사장이 출근을 위해 집을 나선다. 집 현관에 택배가 하나 와 있다. 신발을 신고 나오다가 택배를 발견하는 정 사장. 발신자를 확인한다. 발신자는 정승 네트워크 정정우 이사.

정 사장 (택배를 들고 의아해하며)뭐야, 이거?

택배를 뜯는 정 사장. 택배 안에는 정 이사의 피규어와 슬리퍼가 들어 있다.

종종소
[10화 끝]

━━━━━━━━━━━━━━━ 주 ━━━━━━━━━━━━━━━

1) 10화는 정 이사와 이미나 중심의 에피소드입니다. 유튜브의 장점은 댓글로 시청자들의 반응을 생생하게 받아볼 수 있다는 점인데, 이미나와 정 이사의 분량이 너무 없어 아쉽다는 피드백을 많이 받아 제작한 에피소드입니다. 대사량이 많지는 않지만, 이미나와 정이사의 캐릭터성을 다시 한번 부각할 수 있게 만들어보았습니다.

2) 〈좋좋소〉에서 처음으로 간단한 CG가 들어간 장면입니다. 상황상 CG를 넣지 않고는 텍스트가 오가는 것을 표현하기가 쉽지 않았습니다. 그 때문에 10화를 더더욱 이질적으로 느끼는 시청자분들이 많았습니다. 극이 지나치게 가벼워 보이고 고증과 거리가 멀다는 이유에서였습니다. 하지만 이번 에피소드 역시 정 이사 역을 맡은 조정우 배우가 대학 시절에 겪은 실화를 각색한 내용으로 크게 문제가 없을 거라판단했습니다.

3) 실제 두 배우는 이번 에피소드를 찍으며 굉장히 친해졌고(이전에도 친했지만) 극과 반대로 합이 너무나 잘 맞아가는 모습을 보여줬습니다.

4) 11씬을 촬영할 때는 스스로 고민이 많았습니다. 조충범이 정 이사와 이미나 사이에 있었던 일을 알아챘을지, 아니면 아예 몰랐을지가 관건이었습니다. 편집 시 이 부분이 완벽히 해결되지 않아 그냥 씬 자체를 없애는 것으로 마무리 지었습니다.

11화.
좋소에 다니는 이유

S#1. 정승 네트워크 건물 사무실 / 아침

평범한 사무실의 하루. 모종의 이유로 회사에 안 나오기 시작한 정 이사를 제외한 모든 인원이 자리에서 일을 하고 있다. 조충범은 청소를 마무리하고 있다. 쇼핑몰을 들락거리다가 전화를 하고 메일을 켜보는 이미나.[1]

이미나 　네, 소장님, 그 에어 필터 받으셨죠? 네, 확인차 전화드렸구요, 내일 오후에 선적 완료되면 돼요. (잠시 이야기를 듣다가 놀라며)네? 아뇨, 내일 오후요.

이미나의 상기된 목소리에 이 과장과 조충범이 신경을 쓴다.

이미나 　9일이라고 말씀드렸는데, 19일이 아니고…. (살짝 화가 난 상태로)아뇨, 9일이요, 9일. …소장님, 아뇨, 그렇게 하시면 안 되죠.

이 과장이 뭔가 사태가 심상치 않음을 느끼고 이미나의 자리로 온다.

이 과장 　이 대리님, 부산 창고예요?

이미나 　(전화를 받다가 이 과장을 보며)네.

이 과장 　저 줘보세요.

이미나 　네. 소장님, 잠시만요, 저희 과장님 바꿔드릴게요. (전화를 바꿔준다)

이 과장 　예, 소장님, 저 정승 이 과장입니다. (상대가 마구 쏘아붙이는지 전화기에서 인상을 쓰며 얼굴을 뗀다)아이구, 예 예 예, 이거 뭔가 오해가 있었나 봐요. 아, 그래요? 아, 저희 쪽에서요? 음… 제가 한번 다시 체크해보겠습니다. 네, 다시 전화드릴게요. 네

~(전화를 끊는다)(이미나에게 핸드폰을 주며)화가 잔뜩 나셨어, 왜…. 사장님~!

정 사장 (인터넷 뉴스를 보다가)뭐야, 무슨 난리야~

이 과장 에어 필터요, 저희 이거 날짜가 잘못 가서 지금 포장 인원이 없다 그러네요. 저희가 가봐야 될 것 같은데요?

정 사장 거기 부산?

이 과장 네.

정 사장 아이, 쯧. 이 과장 갔다 올 수 있나?

이 과장 저 오늘 와이프 생일이라서요….[2]

정 사장 뭐? 와이프 생일? (못 믿겠지만 어쩔 수 없다는 눈치로)에이… 쯧…. 그러면 조 주임…은….(조충범을 쓱 쳐다본다. 조충범도 슬쩍 눈치를 본다) 쯥. 됐고…. 그… 백 차장.

백진상 (턱을 괴고 있다가)…예?

정 사장 지금 혹시 바쁜 거 있어?

백진상 뭐… 없어요.

정 사장 그러면 미안한데, 부산 좀 갔다 올 수 있어? 방금 들었지?

백진상은 떨떠름한 표정이다. 눈알을 굴리며 핑계 댈 만한 것을 찾지만 마땅히 없다.

백진상 (마지못해)그럼 가서 자고 와요?

정 사장 음… 그렇게 해야지 뭐.

백진상 (일어나며)알겠어요. 그러면 쟤도 데리고 갈게요. (고개로 충범을 가리키며)

조충범은 일을 하다가 다시 몸을 움찔한다.

정 사장	조 주임? 상관은 없는데…. 도움이 되려나?
백진상	교육도 시키고, 부사수로 데리고 가죠. 현장에서 일 처리하는 것도 보고 배워야 될 것 아닙니까… 흐… (조충범을 쳐다보며) 안 바쁘지??
조충범	어… 바쁜 건 없습니다.
백진상	가자.

떠날 채비를 하는 둘.

S#2. 정승 네트워크 건물 앞 / 낮

백진상의 차 앞. 백진상이 조충범에게 키를 건네준다.

백진상	면허 있지?
조충범	어… 아뇨.
백진상	(어이없어하며)뭐??

S#3. 도로를 달리는 백진상의 자동차 안 / 낮

백진상이 짜증을 내며 운전하고 있고 옆에는 조충범이 공손한 포즈로 앉아 있다.

백진상	지미 씨발, 나이가 몇 갠데 면허가 없냐. 말이 되나, 진짜? 무슨 뭐, 국가고시라서 겁나서 지원 안 했냐?
조충범	죄송합니다…. 빨리 따겠습니다.
백진상	(약간 혼자 중얼거리듯)아니, 면허도 없는 새끼를 뽑았어. 대가리가 빈 거야 뭐야….(다시 조충범에게)너 씨발 그리고 어? 내

가 전에 말한 시험 있지? 그거 나중에 볼 거니까 준비 똑바로
해라. 아, 화가 가라앉질 않네, 씨벌 진짜….

조충범   알겠습니다….[3]

S#4. 부산의 한 창고 앞 / 낮

창고 앞에 백진상의 차가 도착한다. 이미 나와 있는 소장. 백진상과 조충범이 내린
다.

소장   정승이요?

백진상   아, 예. 정승 백진상 차장입니다.

소장   (짜증을 내며)아니, 날짜를 제대로 알려주고 일을 시켜야지. 우
리가 뭐 해달라고 하면 다 하는 척척박사 기계요? 사람 맨날 모
질라, 우리!

백진상   에이, 소장님, 그래서 내려왔잖아요.(소장의 어깨를 어루만지
며)기분 푸시고~

소장   그 저기 컴퓨터로만 일하는 사람들 진짜 해도 너무해, 진짜.[4]

백진상   일단 물건 확인해볼게요. 창고 저거예요?

소장   나 따라와요.

소장을 따라가는 조충범과 백진상.

S#5. 창고 안 / 낮

창고 안으로 들어오는 셋. 창고 구석에 25cm 길이 정도의 소중형 박스들이 쌓여 있
다. 큰 박스로 재포장하면 10박스는 되어 보이는 분량.

백진상	어이구, 꽤 많네.
소장	오늘은 우리 사람 없어. 다른 선적 태산이야.
백진상	아이… 저희 진짜 급한데…. 저 이거 말고도 감천항에 딴 것도 있어서…. 좀 해주시면 안 돼요?
소장	뭐? (당황하며)아니, 사람 없다니까…!
백진상	소장님~ 저희도 대금 지불 다 해드린 건데 이러시면 안 되죠~
소장	아니, 돈은 돈이고 나도 바쁜 사람이야! 그쪽이 실수해놓고 ~(짜증을 낸다)
백진상	(소장의 어깨를 다시 잡으며)아이 잠깐만, 소장님 나와보세요, 잠깐만.

백진상은 소장을 데리고 밖으로 나온다. 따라 나가는 조충범. 창고 밖.

백진상	저희도 인력 데리고 왔잖아요. (조충범을 엄지로 가리키며)얘 하나 드릴게요. 소장님이랑 같이 해주세요. 솔직히 확인 안 한 잘못 있잖아요.
소장	아니… 진짜 경우 없네, 이 사람들….
백진상	좋게 좋게 가시죠, 소장님~ 저 감천항 빨리 가야 돼요~ 둘이 하면 금방 끝나겠더만.
소장	(포기하며)알았어, 알았어!
백진상	저, 그럼 갔다 올게요. 아, 그리고 좀 있다 인수증 사인해서 주시구요. (조충범을 보며)야 좆충. 너 씨발 올 때 내가 운전 다 했으니까 이거라도 똑바로 해라.(다시 소장을 보며)수고 좀 해주십쇼!

백진상은 차를 타고 어디론가 떠난다.

S#6. 창고 안 / 낮

소장과 조충범이 박스 안에 물건을 채우고 있다. 뭔가 사이즈가 잘 안 맞는 모양인 조충범. 헤매고 있다.

소장	(조충범의 일 상태를 힐끗 보며)아이~ 이 사람 이거 이렇게 집 어넣으면 어떡해! 포장 처음 해봐?
조충범	죄송합니다.
소장	다 꺼내요, 빨리. 하 참나, 미치겠네.[5]

다시 물건을 꺼내는 조충범.

S#7. 어느 주차장 / 낮

한 주차장에서 자기 차를 세워놓고 백진상이 핸드폰으로 계속 농구를 보고 있다.

백진상	(화내며)아니, 지미 씨발 저기서 3점슛을 왜 쏘냐고!? 하, 이게 역배… 저것만 넣으면 오바인데, 아나 씨….

S#8. 창고 안 / 오후

말없이 포장을 하다가 소장이 슬며시 말을 건다.

소장	(계속 포장을 하며)그… 이름이 뭐요?
조충범	조충범입니다.
소장	…사원?
조충범	주임입니다.

소장   (할 말이 없는지 고민을 하다가)…결혼은 했어요?

조충범   아뇨.

소장   …그렇구만.

어색한 둘 사이. 다시 침묵이 흐른다. 이윽고 시간은 저녁. 박스 포장이 완료된다. 소장은 손을 탁탁 턴다.

소장   정리는 내가 할게. 수고했어요.

조충범   (일어나 스트레칭을 하며)수고하셨습니다.

소장   처음에는 삽질하더니 그래도 곧잘 하네. 다행이여. 하면서 실력이 느는구만?

조충범은 입사 후 거의 처음으로 듣는 칭찬에 기분이 좋은지 멋쩍은 웃음을 보인다. 그러고는 핸드폰으로 백 차장에게 전화를 한다.[6]

조충범   (기분 좋은 톤으로)아 예, 차장님. 지금 끝났습니다.

백진상   (핸드폰 너머로 기지개 섞인 목소리로)아으~ 빨리빨리 좀 하지, 뭐 이리 오래 걸리냐~ 알았어, 간다, 지금~

S#9. 허름한 모텔 안 / 밤

백진상과 조충범이 본인들의 짐을 들고 모텔 방으로 들어온다. 백진상은 누군가와 통화를 하고 있다.

백진상   야 그러면 뭐, 서면 그때 우리 갔던 데? 대충 한 8시까지 갈까 그러면? 오~ 진철이도 부산이야, 지금? 씨발~ 걘 2년 만에 보는 건데. (조충범의 눈치를 슬쩍 보며)오늘 뭐 어떻게, (경상도 사투리를 흉내 내며)그 가시나들 좀 부르나? 야, 씨~ 형 아직 팔팔해~ 어, 어. 알았어. (전화를 끊는다)

짐을 정리하는 둘. 백진상이 지갑에서 5천 원을 꺼낸다.

백진상   수고했고, 나 오늘 일이 좀 있어가지고 저녁은 나가서 먹을게. 이걸로 저녁 먹어.

백진상은 5천 원을 조충범에게 건네준다. 5천 원을 받아 든 조충범. 이젠 놀랍지 않다는 듯 씁쓸한 미소를 짓고 주머니에 넣는다. 그 모습을 본 백진상. 조금 눈치가 보이는지 다시 본인의 주머니를 뒤져본다.

백진상   아아. 여기 2천 원 더 있다. 요즘 국밥 한 7천 원 하지? 여기서 좀 걸어가면 '친구친구국밥'이라고 있거든? 거기 맛있더라.

조충범   넵.

백진상   나 새벽에 들어올 건데… 아, 맞다. 너 코고냐?

조충범   어… 가끔 피곤할 때만….

백진상   (인상을 쓰며)너 지금 피곤해?

조충범   어… 괜찮은 것 같습니다.

백진상   야, 너 계속 괜찮아야 된다? 피곤하지 마. 운전도 안 한 새끼가 뭘…. 나 간다~(모텔 방을 나선다)

S#10. 부산의 어느 바닷가 편의점 / 밤

바닷가 근처 편의점에 혼자 앉아서 도시락과 콜라를 먹고 있는 조충범. 많은 생각에 잠긴 모습. 그때 전화기로 전화가 온다.

조충범	아, 옙. 이 과장님.
이 과장	예, 조 주임. 일 마무리 잘됐다면서요?
조충범	네. 문제없었습니다.
이 과장	아이고… 수고 많았어요. 부산 간 김에 뭐 맛있는 거라도 먹고 오세요.
조충범	아, 넵. 지금 먹고 있습니다.

조충범은 슬쩍 도시락을 내려다본다.

조충범	그럼 과장님, 내일 뵙겠습니다.
이 과장	네~
조충범	(끊으려다가)아아, 과장님, 과장님. 혹시 내일 저녁에 야근하시나요?
이 과장	저요? 안 할 것 같은데….
조충범	아… 그러면 과장님.

멀리서 통화를 계속하는 모습.[7)]

S#11. 정승 네트워크 건물 사무실 / 낮
사무실 안으로 들어오는 백진상과 조충범. 정 사장이 커피를 마시다 인사를 한다.

정 사장	어어~ 빽 차장, 조 주임. 수고 많았어.
백진상	간만에 부산 구경도 하고 좋았죠, 뭐. (따지듯)아니, 근데 사장님. 얘 면허도 없는데, 아셨어요?
정 사장	엥? 그래? 뭐야, 난 당연히 있는 줄 알았는데.

백진상	인마 면허부터 따게 해야겠네. 아니, 뭐 할 줄 아는 게 없어?
조충범	(자리에 앉으며)죄송합니다···.

아무 일도 없었다는 듯 다시 조용해진 사무실. 키보드와 마우스 소리만 들린다. 아무도 알아주지 않아 서운함을 느끼는 조충범이지만, 그렇다고 내색을 하기도 애매하다. 그때 이 과장이 일어나서 조충범에게 온다.

이 과장	(조용히 말하며)충범 씨, 잠깐 바람 쐬러 갈래요?
조충범	옙.

S#12. 정승 네트워크 흡연장 / 오후

음료수를 마시는 이 과장과 조충범.

이 과장	그럼, 뭐 거의 노가다 했네. 회 뭐 먹었어요?
조충범	아··· 뭐, 회는 아니고 간단하게 밥 해결했습니다.
이 과장	엥? 백 차장님이 회 안 사줬어요?
조충범	아, 바쁘시다고 해서···.
이 과장	아이고 부산까지 가서 맛있는 것도 못 먹고··· 진짜 고생했네.

자신의 노고를 알아주는 이 과장에 눈물이 핑 도는 조충범.

이 과장	아, 그리고 오늘 밤에 술 한잔해요. 야근 없을 것 같아요, 오늘. 둘이만 먹는 건가, 근데?
조충범	네. 좀···. 대화를 하고 싶어서 과장님이랑···.
이 과장	알겠어요.

사무실로 들어가는 둘.

+왓차 추가본 S#13. 술집 / 밤
맥주잔으로 짠을 하는 충범과 이 과장.

이 과장 근데 궁금한 거 있으면 회사에서 물어봐도 되는데…. 충범 씨 술이 당겼구나.

조충범 아뇨, 그런 건 아니고. 회사에서 좀 물어보기 그래서….

이 과장 (웃으며)아니, 무슨 질문인데~ 뭔데요, 물어봐요.

조충범 그…(머뭇거리다가) 과장님은 정승 왜 다니세요?

이 과장 (웃으며)하하하 저요? 하….(고민한다)왜요, 조 주임. 또 도망가게요?

조충범 아뇨, 아뇨. 그냥…. 사실 어제 힘들게 일했는데 아무도 몰라주는 것 같고…. 내가 지금 뭐 하고 있나 싶은 생각도 들고….

이 과장 뭐, 다 그런 거죠. 저야… 사표는 항상 준비되어 있죠. '내일 던져야지, 던져야지.' 매일 결심도 하고…. 그러다가 집 들어가서 와이프랑 애들 보면 조금만 더 참아보는 거고…. '언젠간 나아지지 않을까?' 하는 막연한 기대도 있는 거구요.

조충범 그렇군요….

둘은 한잔 마시고 얘기를 이어나간다.

이 과장 사실 뭐, 세상에 안 힘든 사람이 어딨겠어요. 긍정적으로 생각해보자구요. 정승도 예전보다 진짜 많이 나아졌어요. 저도 그래서 참아보는 거죠. 아무도 알아주지 않아도, 꾸준히 하다 보면

언젠가는 누구 한 명은 알아주지 않을까? 뭐 그런 생각.

조충범   네…. 솔직히 말씀드리면…. 저는 여기 나가보니까 딱히 갈 데
도 없더라구요.

이 과장   (웃으며)알아요.

조충범   저는요, 여태까지 평생 도망만 다닌 것 같아요. 힘들면 안 하고,
외면하고, 쉬운 길만 찾아다니고. 저번에 도망갈 때도 그랬구
요. 근데 이번엔 진짜 제대로 해보려구요. 단 한 명에게라도 인
정받아보는 게 제 목표입니다. 그리고 열심히 일해서 주식 마이
너스 난 것도 다 갚아야죠.

이 과장   아이고… 주식 들어갔구나…. 어디 들어갔어요?

조충범   저 현진EST라고… 개잡주인데….

이 과장   어…? 현진EST?

조충범   왜, 왜요?

이 과장   아… 아뇨. 힘냅시다, 충범 씨.

둘은 건배를 한다.[8)]

───────────────── 주 ─────────────────

1) 정 이사의 등장, 퇴장은 극 중 필요에 의해서가 아닌, 실제 배우의 스케줄상 문제였습니다. 그 때문에 정 이사라는 캐릭터가 자기 마음대로 회사를 나왔다 안 나왔다 한다는 콘셉트가 추가된 것입니다.

2) 보통 이런 상황에서는 말단 직원이나 이 과장이 움직이는 것이 맞습니다. 다만 11화에서 조충범과 백진상이 제대로 부딪히는 모습을 보여주기 위해 이 과장님의 고증을 살려 마땅한 구실을 찾았습니다.

3) 원래 시나리오는 조충범이 운전을 혼자 하고 부산 에피소드 내내 백진상은 아무것도 하지 않는 내용이었습니다. 그러나 조충범 역할을 맡은 남현우 배우가 운전면허가 없어 시나리오를 수정했습니다. 백진상이 운전면허가 없다는 얘기를 듣고 보이는 반응은 어느 정도 제가 그때 당시 느낀 기분을 담아낸 부분도 있습니다.

4) 부산 소장 역할은 사투리를 써야 하는데, 글로 사투리를 표현할 수 없었고, 결정적으로 제가 사투리를 모르기에 이 부분은 전적으로 배우에게 맡겼습니다. 11화에서 소장 역을 맡은 박진수 배우가 완벽하게 소화해냈습니다.

5) 영상에서 보이는 소장의 말투와 행동은 상당히 거칠고 투박합니다. 실제로 현장에서 촬영 시에도 배우님에게 "정말 리얼하고 내가 혼나는 것 같다"라고 말할 정도였습니다. 그때 다른 부산 출신 스태프들의 반응은 "저건 화내는 게 아니다. 그냥 말하는 거다"였습니다. 경상도 사투리를 아는 사람과 그렇지 않은 사람 간에 온도 차가 느껴지는 부

분이었습니다.

6) 소장의 칭찬은 조충범이 입사해서 거의 처음 듣는 칭찬입니다. 우리 직장인들은 그렇게 큰 것을 바라는 것이 아니고, 작은 일에 기쁨을 느낄 수 있는 사람들이라는 사실을 표현하고자 했습니다.

7) 실제로 촬영 당시 현장에는 비가 오고 있었습니다. 쉽게 생각하면 10씬과 굉장히 잘 어울린다고 생각할 수 있지만, 신파적이거나 인위적으로 눈물나게 만드는 장면은 철저하게 배제하고 싶었습니다. 그래서 비 오는 버전과 그렇지 않은 버전, 두 장면을 찍었고 최종적으로 비가 오지 않는 장면으로 편집해 구성했습니다. 비가 오지 않아도 충분히 쓸쓸한 조충범의 감정을 덤덤하게 전달할 수 있다고 생각했습니다.

8) 11화에서 가장 중요하다고 생각하고 힘을 쏟은 씬입니다. 충범이 맘 편히 터놓고 본인의 상황에 대해 넋두리를 늘어놓는 씬으로 중소기업에 다니는 많은 사람들의 입장을 조금이나마 대변해보고 싶었습니다. 실제로 중소기업에 다녔던 이과장 님에게 대본과 같지 않아도 상관없으니 가슴 깊은 곳에서 우러나오는 대사를 해달라고 주문했지만, 이과장 님과 남현우 배우가 여러 차례 맞춰본 결과 기존 대본이 크게 나쁘지 않다고 판단해 애드리브를 많이 넣지 않았습니다.

12화.
저 세상 면접자

본 회에는 통닭천사(이세화) 님, 유튜버 뷰티풀너드 최제우 님이 카메오로 출연해주셨습니다.

S#1. 디자인 회사 사무실 / 낮

다른 회사(박 사장네) 디자인 사무실에 온 이 과장. 디자인 회사 직원이 좋소개팅 원본 피피티와 업그레이드한 피피티를 같이 띄워놓고 있다. (듀얼 모니터를 사용했으면 좋겠습니다) 직원은 앉아서 피피티를 정 사장과 이 과장 둘에게 보여주고 있다.

직원   보시면 여기 내용은 전부 다 같구요, 필요 없는 내용은 제가 알아서 뺐어요.

두 개의 피피티를 넘겨가며 비교하면서 보여주는 디자인 회사 직원.

이 과장   이야, 세화 씨 실력이 대단하네요. 우리 회사는 디자인 전문 인력이 없어서 이런 거 있을 때 좀 고생하거든요.

직원   (뒤돌아서 이 과장을 보며)과장님 근데요, 저 진짜 궁금한데요, 어떻게 이런 피피티로 1차 통과했어요?

이 과장   (멋쩍게 웃으며)아, 그거요? 제가 요 조동이,(손을 입에 갖다 대고 오리 흉내를 내며)조동이 열심히 털었더니 어찌어찌 되더라구요. 근데 거기 사람들이 다음엔 디자인 좀 제발 똑바로 하라고….(웃음)토할 것 같다고…. 하하.

직원   와~ 저도 처음 볼 때 멀미 나던데. 과장님 초등학생 아들이 한 거 아니에요? 누가 한 거예요?

이 과장   저희 직원이….(머쓱해하며)하하…. 아유~ 그래도 열심히 하는 친구예요!

고개를 갸우뚱하는 디자인 회사 직원.

S#2. 정승 네트워크 사무실 / 낮

회의 대형으로 앉은 조충범과 이 과장, 정 사장. 백진상과 이미나는 자리에서 각자 컴퓨터를 보고 있다. 탁자 위에 노트북을 올려놓고 피피티를 띄워놓은 채 바라보는 정 사장과 이 과장.

정 사장   크… 역시 박 사장네는 디자인 전문이라서 뭔가, 응? 깔쌈해. 그지?

이 과장   당연히 잘해야죠. 저희는 무역 회사고 거기는 디자인 회사인데.

조충범은 왠지 모르게 주눅이 들어 있다.

이 과장   (조충범을 보고 주눅 들어 있다는 것을 깨닫고)에이, 조 주임, 기운내요. 조 주임이 뭐, 미대 나온 것도 아니고. 당연히 차이가 나지. 우리 조 주임이 만든 걸로 1차 통과했는데요, 뭐.

정 사장   (팔짱을 끼며)그래, 조 주임. 주눅 들 필요 없어. 이럴 때 하나씩 배우는 거야. 오케이?

조충범   (기분이 조금 풀리며)네, 알겠습니다.

정 사장   그나저나 이제 실물을 만들어야 되는데 말이지.

이 과장   외주 맡길 업체 찾아볼까요?

정 사장   (살짝 고민하다가)이 과장아. 우리가 사실, 회사가…. (갑자기 조충범 눈치를 보며)어, 조 주임, 일단 회의는 끝내자. 할 일 있지 않아?

조충범   어… 넵.

정 사장   오케이. 수고했고, 자리로 가봐.

조충범   (일어나며)넵, 알겠습니다.

정 사장   (일어나며)이 과장아 우린 담배나 피자.

이 과장   넵.(일어나며)

S#3. 정승 네트워크 흡연장 / 낮

이 과장과 정 사장이 흡연장에서 얘기를 하고 있다.

정 사장 개발자를 한 명 뽑는 게 낫지 않아?

이 과장 개발자요?

정 사장 외주 맡기는 거가 은근 돈 많이 들어. 그 인턴 뽑으면 나라에서 돈 주는 거 있잖아. 그거로 계약직 뽑아서 일 좀 시키고 이번 건 마무리되면 그땐 그때 가서 생각을 해보자.

이 과장 아아… 그러면 아예 저희 원래 하던 거랑 앱 개발 팀 따로 꾸린다는 건가요?

정 사장 그렇지, 그렇지. 뭐, 일 괜찮게 해서 마음에 들면 나중에 정직원 시키든가. 그리고 우리 태해물산 일은 당신이랑 이미나 둘이 커버되잖아? 백 차장도 있고. 개발자 한 명에 조충범 붙이면 그림 딱 되네.

이 과장 어, 뭐… 네. (잠깐 생각하다가)그러면 구인 공고 올릴까요?

정 사장 그럴까? 그래, 바로 올려봐. 그 인턴 월급 지원 뭐시기도 한번 같이 알아보고.[1]

이 과장 네.

S#4. 정승 네트워크 사무실 / 낮

며칠 뒤, 정승 네트워크 문을 누군가가 두드린다. 두 번 두드린 후, 조충범이 다른 일을 하다가 문을 연다. 문 앞에는 스포츠 안경 비슷한 걸 쓴 남자가 한 명 서 있다.

조충범 어… 누구세요?

면접자 안녕하십니까, 면접자입니다.

뒤에서 이 과장이 알아채고 일어나서 조충범을 부른다.

이 과장   아아, 조 주임, 오늘 면접 보러 오신다는 분이에요. 들어오세요.

사무실 안으로 들어오는 면접자. 쓰고 있는 스포츠 안경을 조정하며 날카로운 표정으로 사무실을 쭉 둘러보는 면접자. 그 모습을 어리둥절한 표정으로 바라보는 조충범.

S#5. 정승 네트워크 사무실(면접 대형)/ 낮

면접을 보는 남자 면접자.

정 사장   (이력서를 보다가 면접자를 보며)저희가 보시다시피 규모가 크지는 않아요. 나중에 뭐 확장하긴 할 건데…. 아마 들어오시면 개발을 제우 씨 혼자 하셔야 할 수도 있어요. 지금 보니까 그래도 경력은 2년 정도 있긴 한데….

면접자   제 실력에 대해서는 의심하지 않으셔도 됩니다.

정 사장   (흠칫 놀라며 고개를 끄덕이며)오우, 자신 있나 보네요?

면접자   네. 그보다도, 제가 역으로 묻고 싶은 게 몇 가지 있습니다, 사장님.

정 사장과 이 과장, 서로를 잠시 쳐다본다.

정 사장   네? (퉁한 표정으로)…물어보세요.

면접자   야근 수당이라든가, 주말 출근, 4대 보험 등 기본적으로 지켜야 할 사항이 지켜지고 있는지요.

정 사장   (당황하며)아니… 뭐, 그런 거야 만약 출근하게 되면 제가 정리
해드리는 건데…. 지금 얘기하기는 좀 이르지 않나요…?

면접자   아… 그런가요. 저는 처음부터 확실히 하는 게 맞다고 생각합니
다. 설마 경영자분께서 이런 사항을 간과하고 계신 건 아니겠
죠. 제가 좀 철저한 면이 있어서요. 이런 부분은 제 업무 성향과
도 관련이 있는 점 고려 부탁드립니다.[2]

당돌한 면접자의 태도에 당황하는 정 사장과 이 과장.

S#6. 정승 네트워크 사무실 / 낮

이번에도 누군가가 노크를 한다. 두 번 두드린 후, 조충범이 일어나 문을 열어준다.
이번에는 밝은 표정의 여자 면접자. 오른손으로 셀카봉과 핸드폰을 들고 뭔가 영상
을 찍고 있다.

조충범   안녕하세요…. 어떻게 오셨나요? (들고 있는 핸드폰을 힐끗 본
다)

이예영   (업된 톤으로)안녕하세요~ 여기가 그 정승 네트워크인가요?

조충범   (당황하며)예… 맞는데요….

뒤에서 이 과장이 힐끗 보고 일어난다.

이예영   어~ 반갑습니다~ 면접 보러 온 이예영이에영~

조충범   네… 네?

S#7. 정승 네트워크 사무실(면접 대형)/ 낮

면접을 보기 시작하는 정 사장과 이 과장, 이예영. 이예영이 자리에 앉아 먼저 뭔가
를 묻는다.

이예영   사장님~ 제가 브이로그를 하고 있거든요~ 지금 면접 보는 장
          면이 되게 흥미로울 것 같아서요~ 혹시 면접 브이로그 좀 찍어
          도 될까요?

정 사장   (어려워하며)아니, 그런 건 회사 보안도 있고… 좀 곤란한데….

이예영   아, 그래여? (입술을 삐죽 내밀며)힝… 알겠습니다….

핸드폰을 바로 집어넣는 이예영.

정 사장   그… 예영 씨는 따로 회사 경력은 없네요. 개발은 몇 년 정도 했
          어요?

이예영   아, 제가요, 학원 다니면서 프리랜서를 한 1년 해서요. 혼자서
          이것저것 개발은 많이 해봤어요.

이 과장   (정 사장을 보며)제가 보내주신 작업물을 봤는데 상당히 잘하
          시더라구요. 혼자 다 하신 건가요?

이예영   음~ 학원 선생님이 도와주시긴 했는데…. (굳건한 표정으로 갑
          자기)그래도 잘할 수 있습니다!

정 사장   아아… 근데 뭐 유튜브 이런 것도 하시나 보네요?

이예영   아아~ 유튜브는 그냥 취미로 브이로그 하고 있어요.

정 사장   그러면 아무래도 회사 생활할 때 집중이 안 되지 않을까요? 걱
          정이 좀 되는데….

이예영   (웃으며)아니에요~ 무조건 회사가 1순위죠~ 취미는 그냥 취미
          구요. 걱정 안 하셔도 됩니다, 사장님~

그 말을 들은 정 사장과 이 과장은 이력서를 보고 진지하게 고민을 한다.[3]

S#8. 정승 네트워크 사무실/ 낮

정 사장과 이 과장, 백진상은 이력서 두 장을 놓고 정 사장 책상 뒤에 모여서 이야기를 나누고 있다.

백진상 그럼 뭐, 지원한 사람은 얘네 둘이네요?

이 과장 네. 구인 공고도 많이 밑으로 내려가서 이제 더 안 오지 않을까요?

정 사장 우리가 아무래도 규모가 좀 작다 보니 많지는 않네….

백진상 그러면 얘네는 뽑아놓고 뭐, 그 좋 뭐시기 만드는 것만 시켜요?

정 사장 (살짝 고개를 끄덕이며)일단은 그렇지? 계약직 신분으로 진행시켜볼라고.

백진상이 뭔가 마음에 안 드는지 팔짱을 끼고 뒤에서 말없이 벽에 기대어 서 있다.

이 과장 둘 다 뽑을 건 아니죠?

정 사장 굳이 뭐 그렇게까지 할 필요 있나. 한 명 뽑아서 조 주임 붙여서 같이 하면 될 텐데.

이 과장 사장님은 누가 마음에 드세요.

정 사장 둘 다 뭔가 살짝씩 삔또가 나갔는데 말이지. 처음에 온 놈은 너무 공격적이야. 뭘 그렇게 따지는 게 많아? 면접자야, 감사관이야?

이 과장 그럼 예영 씨는요?

정 사장 걔는 밝아서 좋긴 한데…. 뭔 조증 걸린 것 같아. 정신없지 않을까? (뒤돌아보며)백 차장, 마음에 드는 사람 있어?

백진상 (관심 없다는 듯이)아니 뭐… 쯧. (턱으로 여자 지원서 가리키며)여자애가 얼굴은 반반해서 분위기는 살겠네.

이 과장 어차피 둘 다 큰 경력은 없고, 작업물도 비슷하던데. 저희가 엄청 큰 프로젝트는 아니잖아요. 미나 대리, 여자 혼자여서 쓸쓸할 텐데, 예영 씨 오면 좋지 않을까요?

이미나는 얘기가 들려 한번 쳐다보지만 전혀 신경 쓰지 않고 몰래 인터넷 쇼핑을 한다.

정 사장 그지? 여러모로 그게 낫지? 그래. 그렇게 하자. 그 정 이사 출근 안 하니까, 그 컴퓨터 좋으니까 개발자 주자.

그렇게 해서 정승 네트워크에는 이예영이 개발자로 오게 된다.

S#9 정승 네트워크 사무실/ 낮

정 이사 책상을 정리하는 조충범. 책상에는 이예영이 브이로그를 찍기 위해 핸드폰을 올려두고 있다. 자리를 정리해주는 조충범. 이예영이 조충범에게 묻는다.

이예영 조충범 주임님~ 혹시 사무실에 페브리즈 있나요?
조충범 페브리즈요? 잠시만요.

싱크대 근처 서랍에서 페브리즈를 꺼내는 조충범. 정 이사 자리로 가지고 오자 이예영이 받아 들고 의자 근처에 뿌린다.

이예영 자리에서 조금 쿰쿰한 냄새가 나는 것 같아서요~
조충범 (고개를 끄덕이며)아….

그 말을 들은 조충범이 이예영의 페브리즈를 가져가서 대신 자리에 뿌려준
다.

이예영   (페브리즈를 뿌리고 있는 충범에게)조 주임님~ 그거 하시구여
            ~ 카메라에 손 한번만 흔들어주시면 안 될까요~?

조충범   (낑낑대고 있다가)아, 옙.

조충범은 귀찮기는커녕 오히려 가슴 설레고 있다. 선을 연결한 후 카메라
를 향해 손을 흔드는 조충범과 이예영. 조충범은 뭔지 모르게 기분이 좋은
지 어색한 웃음을 짓는다. 이후 컴퓨터 전원을 켜는 조충범.

이예영   와~ 조 주임님, 감사합니다~ 열심히 일할게요~

조충범   (슬쩍 설레며)아, 옙. (실실 웃으며)그리고… 혹시 모르는 거 있
            으면 저한테… (잠깐 직원들의 눈치를 보고)저나 이 대리님이
            나 이 과장님한테 언제든지 물어보세요.

이예영   아~ 그러면요~ 지금 궁금한 게 있는데요~ 계약서는 언제 쓰나
            요?

조충범   (깜짝 놀라며)계약서요?

그러고 보니 조충범은 재입사 후 본인도 근로계약서를 다시 안 썼다는 사실
이 떠올랐다. 머릿속으로 이면지에 적힌 엉망진창 근로계약서가 생각난 조
충범. 조충범이 이 과장 쪽으로 간다.

조충범   (작은 목소리로)저기… 과장님. 예영 씨가 근로계약서 써달라
            는데요….

이 과장   (다른 일을 하다가)근로계약서요? 어…. (정 사장 쪽을 보며)사

장님! 예영 씨 근로계약서 물어보는데요.

정 사장   (짜증을 내며)뭐 근로계약서? 그런 건 믿음으로….(카메라가 켜져 있다는 것을 발견하고는) 뭐… 써줘야지…. 정 이사….(빈 정 이사의 자리를 보며)가 없지. 하….(한숨) 이 과장아. 계약서 양식 같은 거 있나?

이 과장   아 네, 찾아볼게요.

정 사장   그리고 그, 예영 씨. 그 동영상은 이제 좀 그만할 수 있나? 예영 씨 자리 해주는 거 다 찍었으니까. 우리도 보안 때문에 곤란해, 좀.

이예영   (밝게 웃으며)네~ 사장님~! 알겠습니다~(마지막으로 카메라에 V를 그린 후, 핸드폰을 가져가서 동영상을 끈다)

조충범은 정 사장에게 빠르게 다가가 묻는다.

조충범   저… 사장님. 저도 근로계약서 지금 쓸 수 있을까요? 저번에 다시 써주신다고 했는데….

정 사장   (귀찮은 듯 모니터를 보면서 한숨을 쉬며)알았어, 알았어. 다시 써줄게.

회의 책상 위에 두 개의 계약서가 올라가 있다. 같은 내용의 계약서, 이예영과 조충범은 꼼꼼히 읽어보고 있다. 도망가면 벌금을 물린다는 부분이 특이한 계약서. 확실히 전에 정 이사가 써줬던 계약서보다는 형식적이지만 납득되는 수준의 계약서. 그런데 계약서에는 정승 네트워크가 아니라 'JPD Soft'라고 쓰여 있다.

이예영   사장님! 여기~(손으로 JPD를 가리키며)이건 뭐예요? 정승 네트워크가 아니네요?

정 사장	어어. 내가 이름이 정필돈이거든. 내 약자야. 이상한 회사는 아니고, 예영 씨는 개발 쪽이니까 일단 분리해놨어. 크게 신경 안 써도 돼. 오케이?
이예영	알겠습니다~!
조충범	저… 사장님.
정 사장	응?
조충범	저도 그 회사로 되어 있는데… 맞나요?
정 사장	어어. 조 주임도 일단 회사 이름은 그걸로 되어 있는데, 뭐 상관 없어. 다 똑같아.
조충범	아… 예.

불안한 표정으로 계약서를 보는 조충범. 하지만 회사 이름 외에 크게 트집 잡을 부분이 보이지 않는다.

정 사장	둘이 차이 얼마 안 나니까 동기 하면 되겠네. 둘 다 3개월 인턴 끝나면 재계약하고. 조 주임은 도망갔던 날짜는 제외야. 이건 오케이지?
조충범	(도망갔다는 사실을 말하자 부끄러워하며)아, 옙. 옙.

둘은 계약서에 사인을 한다.

이예영	(계약서를 가져가며)열심히 하겠습니다~

+왓챠 추가본 S#10. 미스터 피자집/ 낮

미스터 피자에서 피자를 먹고 있는 제르엘과 최제우.

제르엘   면접 본 데 중에 붙은 데 있어?

최제우   두 군데 봤는데, 한 군데는 회사가 엉망이고 한 군데는 아쉽게 떨어졌어.

제르엘   뭐가 엉망이야?

최제우   원래 무역 회사인데, 개발자를 뽑더라고. 하층 계급 냄새가 나서 내가 디테일하게 많이 캐물어봤지.

제르엘   역시… 한 수 위야.

최제우   엄청 영세하기도 하고, 중요한 건 5인 미만 사업장을 맞추기 위해 회사 두 개를 사무실 하나에 운영하고 있더라고.

제르엘   이런 이런. 역시나 헬조센인가. 일도양단해버려야 하는데, 그런 곳은…. 5인 미만이면 뭐가 달라지는 건가?

최제우   일단 5인 미만은 야근수당, 주말수당을 안 줘도 법적으로 문제 없어. 그 외 여러 가지 불이익을 받을 수 있는데, 사장이 그 점을 교묘히 이용하고 있는 느낌이었어. 하지만 나의 감지망을 속일 순 없지.

제르엘   역시, 인텔리전스 지니어스.

최제우   그 회사를 역관광시킬 방법은 많지만, 이 몸이 워낙 바빠서.

제르엘   실력자는 쓸데없는 곳에 시간과 힘을 쏟지 않지. 잘 생각했어.

최제우   그리고 그 회사 사장과 직원들 모두 수준이 낮아 보이더라고. 뭐랄까… 마나 없는 프로스트 리치 위자드 느낌이랄까. 그런 곳에서 근무할 수는 없지.

제르엘   물론.

계속 피자를 먹는 둘.[4)]

똥똥소
[12화 끝]

주

1) 정 사장은 마냥 악당도, 그렇다고 극적으로 착한 사람도 아닙니다. 이러한 점에서 캐릭터를 표현하는 게 쉽지는 않았습니다. 때로는 조충범에게 위로의 말을 건네기도 하지만, 이 씬에서 보시다시피 여전히 직원을 쓰다 버려도 되는 소모품 정도로 생각하기도 합니다.

2) 언뜻 보면 첫 번째 면접자의 말은 굉장히 경우 없어 보일 수도 있습니다. 하지만 자세히 들여다보면 첫 번째 면접자가 궁금해하는 사항은 어찌 보면 회사에서 당연히 지켜야 할 사항입니다. 그런 사항을 정상적인 캐릭터가 지적하면 극이 자칫 시청자를 갱생시키려고 하는 공익적 내용이 될 수도 있어 면접자를 일부러 독특한 캐릭터로 설정했습니다.

3) 이예영은 〈종좋소〉의 전체적인 분위기를 한 단계 밝게 하기 위해 만든 캐릭터입니다. 중소기업을 다루는 만큼 분위기상 백 차장과 정 사장 등 기존 캐릭터만으로는 내용이 한없이 축축 가라앉을 수 있겠다는 판단 아래 톡톡 튀는 성격의 이예영을 투입했습니다. 이예영이라는 인물이 회색 톤의 〈종좋소〉에 얼마나 잘 녹아들지가 관건이었습니다.

4) 위에도 언급한 것처럼 11화는 중소기업 실태에 관한 정보가 상당 부분 포함되어 있어, 내용이 지루해지지 않도록 독특한 캐릭터를 많이 등장시켰습니다.

십이화 · 이백칠십삼

13화.
정승 네트워크 연봉 공개

S#1. 정승 네트워크 사무실 / 낮

백진상 책상에서 시험을 보고 있는 조충범. A4용지에 시험을 보고 있다. 백진상이 문제를 하나 하나 낸다.

백진상　　　3. CL의 뜻. 4. HS Code의 뜻.

고민하면서 답을 적어 내려가는 조충범. 스펠링은 조금씩 틀리지만 나름 맞는 답을 적어나가는 조충범. 이때 정 사장이 밖에서 사무실로 들어오며 그 모습을 보면서 자기 자리로 간다.

백진상　　　다 썼어? 줘봐. (답안지를 훑어보며)야… 너 영어과 졸업한 거 맞냐? 스펠링이 씨…. 그래도 뜻은 맞혔네.
조충범　　　(다행이라는 표정으로)감사합니다.
백진상　　　(약간 짜증을 내며)뭘 감사해, 감사하긴? 그리고 이거는 진짜 완전 쌩 기초야. 이거 모르면 접시물에 코 박고 뒤져야 돼, 진짜. 다음 시험은 정확히 일주일 뒤에 볼 거니까, 긴장하고 공부해라.
조충범　　　네.

자리로 돌아가는 조충범. 그 일련의 모습을 본 정 사장이 백진상에게 말한다.[1]

정 사장　　　이야, 백 차장, 호랑이 교관님이야.
백진상　　　(거들먹대며)아… 밖에서 일 따 오지, 안에서 업무 보지, 신입 교육시키지. 진짜 일당 백이 따로 없어.
정 사장　　　(맞장구치며)어우~ 빽 없으면 회사 안 돌아가지~

백진상	내가 차장인지, 군대 일병인지. 헷갈려~ 아주~
정 사장	(멋쩍은 웃음)허허허.
백진상	그래서 말인데, 사장님. 저희 설도 지나고 연초인데 슬슬 뭐 얘기할 거 있지 않습니까?
정 사장	(긴장하며)얘기? (눈치를 깠지만 모르는 척)뭐… 뭔 얘기?

다른 직원들도 관심을 보인다.

백진상	아니… 이번에 러시아에서 진짜 쥔나게 구르고… 건수도 따 왔는데…. 뭐 관련해서… 계약 같은 거….(말을 흐린다)
정 사장	계약…? 무슨 계약?
백진상	(답답해서)에이 사장님, 연봉이요, 연봉. 연봉 협상 한번 하시죠.

갑자기 몹시 긴장하는 정 사장. 올 것이 왔다는 표정. 다른 직원들도 모두 관심을 가지고 정 사장을 바라본다.

정 사장	연봉 협상? 아니, 연봉을….(우물쭈물한다)
백진상	연봉 협상, 다른 회사들은 원래 다 하는 거예요. 우리만 여태 안 하고 있는 거라구요.
정 사장	(마지못해)그런 걸 꼭 해야겠어…?
백진상	(답답해하며)그런 거뇨, 정상적인 시스템이죠.

정 사장은 팔짱을 끼고 고민을 한다.

| 정 사장 | (고민을 하다가)…그래, 알았어. 그러면 일단 다 나가봐. 나가서 한 명씩 들어와. |

| 이 과장 | (놀라며)어어? 저 이거 퇴근 전까지 보내야 되는데…. |
| 정 사장 | 에이씨, 연봉 얘기를 다 있는 데서 어떻게 해? 원래 연봉은 회사 기밀이라서 직원끼리 알면 절대 안 되는 거 몰라? 그러게 좀 미리미리 해놓지, 어? 암튼 다 나가고 한 명씩 들어와. |

S#2. 정승 네트워크 복도 / 낮

자기 의자를 질질 끌고 모두 복도로 나온 정승 네트워크 직원들. 복도 한쪽에 가지런히 자리를 잡고 앉는다.

자리를 잡은 후 정 사장이 문에서 나와 직원들에게 얘기한다.

정 사장	차례대로 한 명씩 들어오고. 다시 한번 말하는데, 안에서 얘기한 거 밖에 나와서 너희들끼리 얘기하는 거 절대 안 되는 거 알지?
일동	(시원스럽지 않게)네….
이예영	(혼자서만 밝게)네!
정 사장	아이씨… 대답 왜 이래? 안 되겠어. 예영!
이예영	(밝게)아, 넵!
정 사장	예영 씨가 들어온 지 얼마 안 됐으니까, 여기서 감시해. 서로 돈 얘기 못하게. 오케이?
이예영	네, 알겠습니다![2]
정 사장	(순서를 보며)그러면… 차례대로 들어와.

S#3-1. 정승 네트워크 사무실(이미나 차례) / 낮

이미나가 정 사장 책상 옆에 앉아 있다. 수첩을 펴놓고 얘기 중인 이미나.

정 사장   미나, 작년에 본인 기여도가 얼마 정도라고 생각해?

이미나   많죠.

잠시 정적이 흐르는 둘 사이.

정 사장   (당황하며)아니, 그러니까, 뭐, 어떻게 많다는 거야?

이미나   운송 기사, 거래처, 포워더 다 제가 커뮤니케이션하잖아요. 영어 전화도 제가 다 받고요.

정 사장   (인정하는 듯 고개를 끄덕이며)뭐… 쯧. 그렇긴 하지? 그래서 지금 얼마지….(컴퓨터로 급여 명세서를 살펴본다.)

이미나   2천8백이요. 저 3천4백까지 올려주시면 안 될까요?

정 사장   3천4백? 스으으으으으으으읍…. 근데 난 그렇게 생각해. 미나 대리가 하는 일이 사실 원래 해야 되는 일이잖아? 원래 당연히 해야 되는 일을 하는데 연봉을 갑작스럽게 그렇게 많이 올릴 이유가 있나….

이미나   원래 하던 일을 빵구 없이 잘 처리했으니까요.

정 사장   (하나 걸렸다는 듯)얼마 전에 날짜 잘못 넣어서 백 차장, 조충범이 부산 갔다 온 건?

이미나   크리티컬하지 않았다고 생각해요.

정 사장   흠…. 알았어. 2천9백으로 하자.

이미나   뭐가 달라요, 그러면?

정 사장   백만 원이면 월급으로 치면 10만 원 정도 오르는 건데?

이미나   무슨 10만 원이에요. 1년 열두 달인데.

정 사장   후… 알았어. 그러면 3천. 됐지?

이미나   3천4백으로 해주세요.

정 사장   하… 이 대리, 이 대리. 내 사정 알잖아. 지금 회사 힘들어. 우리

정부 지원 사업이랑 태해물산 수출 시작하면 그때 또 얘기하자. 일단 이렇게 가자고.

이미나   (포기한 듯)흠…. 알았어요, 그럼.

정 사장   (웃으며)어, 된 거지, 그러면? 오케이, 좋아. 다음 사람 들어 오라고 해.

자리를 뜨는 이미나.

S#3-2. 정승 네트워크 사무실(조충범 차례) / 낮

사무실에 조충범이 들어온다. 자리에 앉는 조충범, 어이없어하는 정 사장.

정 사장   뭐야, 넌 왜 들어와? 넌 인턴이잖아.

조충범   아… 저도 형식상 들어는 와야 될 것 같아서….(멋쩍은 웃음)

정 사장   뭔 형식이야. 에이씨… 나가. 넌 내가 도망간 거 월급에서 안 까 는 것만 해도 고마운 줄 알어.

조충범   (웃으며)알겠습니다.

바로 나가는 조충범.

S#3-3. 정승 네트워크 사무실(이예영 차례) / 낮

사무실로 들어오는 이예영. 정 사장은 다시 한번 어이없어한다.

정 사장   아니, 예영 씨는 또 왜 들어와?

이예영   아~ 차례대로 들어오는 거 아니었나요?

정 사장 아니… 예영 씨 인턴이잖아. 들어온 지 얼마나 됐다고 연봉 협 상을 해?

이예영 아, 저도 아는데~ 혹시나 해서요~

정 사장 아니, 뭘 혹시나 해…? 나가서 다른 직원들 감시나 계속해.

이예영 (나가면서)네~ 알겠습니다~(주먹을 불끈 쥐며)걱정 마세요, 사장님~!

S#3-4. 정승 네트워크 사무실(백진상 차례) / 낮

백진상이 들어온다. 올 것이 왔다는 표정의 정 사장. 다소 당당하게 자리에 앉는 백 진상.

정 사장 어어, 백 차장이. 일단… (컴퓨터로 표를 보며)지금 얼마 받지?

백진상 저 뭐… 4천 정도 받죠.

정 사장 4천이면…. 월급 3백만 원 정도 되네. 이야, 이러면 뭐 회사에서 는 1등이네.

백진상 아니, 당연히 1등 해야죠. 제가 하는 게 몇 개인데. 막말로 이 회사 누구 때문에 돌아갑니까. 사장님 아니면 저잖아요.

정 사장 에이, 알지 알지. 아니, 내가 그걸 모르겠어?

백진상 아니… 뭐, 사장님 잘 아시면, 저 좀 도와주세요. 네? 저 이 나이 먹고 어디 가서 월급 이거 받는다 그러면 비웃어요 진짜.

정 사장 에이, 뭔 소리야…. 난 서운하지 않게 해준 것 같은데….

백진상 사장님, 제가 서운해요.

S#4. 정승 네트워크 복도/ 낮

백진상이 들어가 있는 동안 차례를 기다리고 있는 직원들. 조충범이 슬그머니 이 과장에게 말을 건다.

조충범   그… 과장님. 연봉 협상은 몇 년 되면 할 수 있는 거예요?

이 과장   어~ 연봉 협상은….

그때 이예영이 둘 사이를 팔로 휘휘 저으며 제지한다. 어이없어하는 이 과장.

이예영   어허! 연봉 얘기 안 돼요!

이 과장   어, 이거는 돈 얘기 아닌데….

이예영   (고개를 저으며)음~ 그래도 안 돼여!

조충범   어으… 알겠습니다.

이예영   (웃으며)네~ 감사합니다~

S#3-4. 정승 네트워크 사무실 / 낮

다시 사무실 안, 묘한 기류가 흐르는 둘 사이.

정 사장   그러면 뭐, 얼마 정도 생각하는데?

백진상   5천8백은 맞춰주시죠.

정 사장   (화들짝 놀라며)에이?? 5천8백?

백진상   아니, 뭘 놀라세요? 제 나이에 이 직급 다 이 정도 받아요.

정 사장   아니, 빽 왜 그래…? 우리 사정 알잖아.

백진상   사정이야 아는데, 제가 그만큼 해드리잖아요.

정 사장은 앞에 놓여 있는 종이에 4천5백이라고 휘갈겨 쓴다.

정 사장   (4천5백에 밑줄을 쭉 그으며)이거. 이거 이상은 힘들어.

백진상   사장님 4천5백이라뇨. 너무 차이 나잖아요.

정 사장　아니, 돈이 진짜 없어. 빚 내서 줘야 돼?

백진상　아니… 하….

정 사장　알았어. 그러면, (종이의 숫자 5를 8로 고친다)4천8백. 됐지?
진짜 이거는 있는 거 없는 거 다 털어서 주는 거다. 이 이상은
진짜 없어. 아니 내가 주기 싫어서 이래?

백진상　(빈정 상한 투로 고개를 끄덕이며)쯥, 알겠어요.

바로 자리를 떠서 나가는 백진상.

S#3-5. 정승 네트워크 사무실(이 과장 차례) / 낮

마지막 차례 이 과장. 이 과장이 사무실에 들어와 자리에 앉는다.

정 사장　어디 보자… 이 과장이… 지금 연봉 3천2백… 맞나?

이 과장　네.

정 사장　이 과장이, 작년에 성과 뭐… 있나?

이 과장　아니, 뭐 성과랄 게… 뭐, 일 다 잘 쳐내고…. 충범 씨 들어와서
계속 가르쳐주고 있고….

정 사장　(고개를 갸우뚱하며)스읍… 하… 약한 것 같은데….

이 과장　아니 사장님, 저는 많이 올려주실 필요 없어요. 지금 3천2백이
니까, 3천5백 정도만 맞춰주세요. 제가 애만 둘이지 않습니까.

이 과장이 욕심이 크게 없다는 것을 눈치챈 정 사장.

정 사장　아니 뭐, 나는 애 없어? 내 생각엔, 이 과장은 솔직히, 뚜렷한
성과는 사실 없다 이 말이지. 이건 인정하지?

이 과장 (억울해하며)아니, 뚜렷한 게… 뭐….

정 사장 (생각났다는 듯)맞아, 그리고 그 우리 회사 비품, 샘플 훔쳐 간 거, 그건 어떻게 설명할 건데?

이 과장 아니, 그거는 그때 이미 죄송하다고….

정 사장 그거 내가 덮고 지나가서 그렇지, 다 횡령이야. 아니 뭐, 어떻게, 경찰서 갈까?

이 과장 (입을 다물고 고개를 떨군다)….

정 사장 (작은 한숨)후… 뭐 그러니까, 올해는 일단 동결로 가자. 이미 나랑 백진상도 다 동결이야, 지금. 누구 한 명만 올려주기 뭐하다고. 내년에 협상할 때 내가 요번 거 감안해서 더 챙겨주든지 할게.

그리고 지갑을 열어 5만 원짜리 두 장을 꺼내는 정 사장.

정 사장 에이… 쯧. 이거는, 오늘 가서 애들 고기라도 사줘.

마지못해 받는 이 과장. 표정이 어둡다. 자리에서 일어나는 정 사장. 복도 문을 열고 직원들에게 얘기한다.[3]

정 사장 어, 다 끝났으니까 이제 들어와.

사무실로 차례차례 의자를 질질 끌고 들어오는 직원들. 백 차장의 의자는 조충범이 같이 끌고 들어온다. 들어오는 예영에게 질문하는 정 사장.

정 사장 예영, 잘 통제했지?

이예영 (철없이)네, 사장님!

직원들이 자리에 앉으며 다시 업무를 시작하고, 정 사장이 말한다.

정 사장   어, 다 얘기 잘 끝났고, 불만 없는 걸로 알고, 그리고 절대 서로
　　　　　연봉 얘기하지 마? 꼭 지켜.

조충범, 이 과장
　　　　　네~

아까부터 불만이 많아 보이는 표정의 백진상. 곰곰이 생각하다가 뭔가를 결심한 듯 일어난다.[4] 조충범에게 다가가는 백진상.

백진상   (조충범만 들리게)야, 나와봐.
조충범   예, 예? 예.

백진상을 따라나가는 조충범.

S#5. 카페 / 낮

백진상   …야.
조충범   (긴장하며)옙.
백진상   (비꼬는 듯)다닐 만하니?
조충범   예… 옙….
백진상   (코웃음)너도 대단하다. 뭘 몰라서 그러는 건가.
조충범   ….
백진상   지금 너 실수령 얼마 받냐?
조충범   어… 근데 사장님이 월급 얘기 다른 데 가서 하지 말라고 하셨
　　　　　는데….

백진상 야, 다 알고 말하는 거야.

조충범 아… 옙. 1백80만 원입니다.

백진상 2백도 안 되네? (진지하게)야, 너. 내가 2백만 원 맞춰주면 이 직할 생각 있냐?

조충범 예?

백진상 (주변을 살피며)너 이 얘기, 씨발 다른 데 가서 하면 안 된다? 야, 이번에 내가 일 큰 거 하나 물어 왔잖아? 근데 있지, 하… 이 정승에서는 도저히 못해먹겠다.

조충범 (놀라며)아… 네?

백진상 네가, 머리는 나쁜데, 그래도 근성은 좀 있데? 내가 조만간 나가서 회사 하나 따로 차릴 거거든. 내 밑으로 오면, 내가 너 제대로 키워주고, 월급도 2백 맞춰줄게. 자세한 건 나중에 얘기할 건데, 너 이 기회 놓치면 진짜 후회한다.

조충범 어….

백진상 (헛웃음치며)하… 이걸 지금 고민을 하고 있네. 야, 내가 뭐가 아쉬워서 너 같은 초짜한테 오라 마라 하겠냐? 그래도 싹수 보여서 키워볼라 했드만….

조충범 아… 좀 갑작스러워서….

백진상 이래서~ 씨바 너 같은 애들이 줘도 못 먹는 거야. 너 계속 저 병신 같은 사장 밑에서 조뺑이나 칠래? 어? 뭐 좆소개인가 뭔가 그딴 거나 만들면서? 너 정승이 누구 때문에 돌아간다고 생각해? 해외 나가서 일 따 오고, 다른 회사 가서 존나게 쇼부 치고 씨팔… 진짜…. (의자 뒤로 허리를 기대며)후… 원맨쇼 한다고, 내가.

조충범 아… 그렇습니까….

백진상 (코한숨 쉬며)알았어, 알았어. 대답 빨리 안 해도 되니까, 생각 좀 해보고 얘기해. (일어나려다가 다시 앉아서)너 그리고 다시 한번 말하는데, 이거 다른 데 가서 얘기하면… 알지?

조충범 (고개를 끄덕이며)알겠습니다.

백진상 나 먼저 들어갈 테니까 좀 있다가 들어와.

카페를 나가는 백진상. 계속 앉아서 멍때리며 심각하게 생각을 하는 조충범.

+왓챠 추가본 S#6. 정승 네트워크 흡연장 / 낮

흡연장에서 담배를 피고 있는 이 과장. 그때 사무실에서 나와 커피를 들고 이미나가 나온다.

이 과장 미나 대리님, 바람 쐬러 나왔네요.

이미나 네.

잠시 침묵이 흐른다.

이 과장 그… 연봉 협상 어떻게 됐어요?

이미나 과장님은요?

이 과장 아니 뭐, 저희 다 동결이라고 해서…. 저도 똑같죠, 뭐. 허허.(멋 쩍은 웃음)

이미나 (살짝 놀라며)엥? 동결 아닌데?

이 과장 예에? 오? 사장님이 전부 동결이라고 했는데… 저한테…?

이미나 아니 뭐, 사장 콧수염만큼 올려주긴 했는데, 올려주긴 올려주던 데요?

이 과장   (좌절하며 고개를 떨군다)하…. 그래요?

이미나   (안타까워하며)구라 깠네요?

이 과장   아… 진짜 너무하다, 진짜…. 어쩐지… 갑자기 용돈을 주더라
니…. 아… 아 진짜….

이미나   힘내세요. 내년에 연봉 협상할 때는 제가 얘기 잘해서 힘 좀 실
어드릴게요. 그때까지 제가 이 회사에 남아 있으면요.

이 과장   (큰 한숨)쯧… 네… 알겠습니다….

큰 호흡으로 담배를 한번 깊게 피는 이 과장.[5]

좋좋소
[13화 끝]

──────────────── 주 ────────────────

1) 백진상이라는 캐릭터는 악당에 가깝지만 그럼에도 능력이 있는 캐릭터입니다. 완전한 악역도, 완전한 선역도 없는 세계관을 만들어보고자 백진상에게 준 역할입니다.

2) 이예영에 대한 시청자들의 반응은 호불호가 갈렸지만, 시나리오를 제작하는 저에게 이예영은 너무 다루기 쉽고 유용한 캐릭터였습니다. 이예영 특유의 발랄하고 긍정적인 에너지는 필요할 때마다 적재적소에 활용하기 용이했습니다.

3) 연봉 협상 에피소드는 전체적으로 정승 네트워크 직원 모두를 한번씩 훑으며 각 캐릭터의 상황과 성격을 보여주고자 한 회차입니다. 조충범도 회사에 다니면서 어느 정도 적응한 모습을 보여주고 싶었습니다. 또 백진상과 정 사장의 갈등이 본격적으로 표면에 드러나는 회차입니다.

4) 이때 백진상이 회사를 나가겠다는 마음을 확실히 먹습니다.

5) 13화는 내부적으로는 큰 기대를 하지 않은 회차였습니다. 하지만 놀랍게도 유튜브에서 많은 조회 수를 기록했습니다. 역시 대중은 타인의 임금이나 돈 얘기에 큰 흥미를 느낀다는 걸 알 수 있는 에피소드였습니다.

십삼화 · 이백팔십구

14화.
좋소기업 워크숍

본 회에는 유튜버 맛상무 님이 카메오로 출연해주셨습니다.

S#1. 정 이사의 집 / 밤

집 소파에 정 이사가 누워서 핸드폰을 보고 있다. 정 이사의 아빠가 핸드폰으로 정 사장과 통화를 하고 있다.

정 사장 아니 형, 그래서 걔 뭐 하는데, 요즘 집에서?

정 이사 아빠 (정 이사 다 들리게, 힐끗 뒤를 돌아보며)(한심하게)뭘 뭐 해, 집에서 맨날 게임하고 핸드폰이나 들여다보고 있지.

정 사장 아니, 안 나오는 이유를 말해야 설득을 하지, 내가….

정 이사 아빠 (스피커폰으로 전환하고 핸드폰을 정 이사에게 갖다 대며)야, 너 삼촌한테 뭐라고 얘기라도 좀 해!

정 사장 (전화 너머로)야, 정정우! 너 뭐 때문에 그래?

정 이사 …(쳐다보지도 않고 핸드폰 게임 중)

정 이사 아빠 (포기한 듯)에휴… 관둬. 한두 번도 아니고…. 그래 뭐, 너는 회사 바쁘진 않고?

정 사장 아직까지는 뭐 괜찮지. 더 바빠지기 전에 워크숍이나 갈라고. 얼마 전에 여자 인턴도 새로 뽑았어.

소파에 누워서 게임을 하고 있던 정 이사는 여자 인턴이라는 말에 귀가 솔 깃한지 슬쩍 전화기 쪽을 본다.

정 이사 아빠 언제 가는데?

정 사장 이번 주 금토.

정 이사 아빠 그래 그래, 그거 또 나중에 갈라 그러면 그것도 또 일이다?

S#2. 정승 네트워크 사무실 / 낮

조충범과 이미나, 이예영이 사무실에서 워크숍 갈 준비에 한창이다. 허접한 디자인의 'J. S. Network 봄맞이 워크숍'이라고 쓰여 있는 현수막을 돌돌 말아 챙기는 조충범. 이예영과 이미나는 워크숍에 쓸 퀴즈용 스케치북과 풍선,장식 따위를 정리하고 있다. 그때 이 과장이 들어온다.

이 과장   다 준비됐죠? 이제 슬슬 출발하시죠.

S#3. 정승 네트워크 건물 앞 / 낮

정 사장과 백진상 차 앞에 서 있는 직원들. 정 사장과 백진상은 멀리서 말없이 담배를 피고 있다. 그때 차 근처로 정 이사가 놀러 갈 짐을 들고 다가온다.

조충범   (살짝 놀라며)어… 정 이사님… 안녕하세요.
정 이사   (관심 없다는 듯이)아, 예.

정 이사는 계속 이예영 쪽을 힐끗힐끗 바라본다.

이예영   (브이로그를 찍다가 떨떠름하게 정 이사를 위아래로 훑으며 표정이 안 좋아진다)아… 안녕하세요….

이 과장이 와서 둘 사이에 낀다.

이 과장   정 이사님, 오랜만이네요. 여기는 이번에 개발자로 새로 들어온 이예영 씨예요. 예영 씨, 정정우 이사님이에요. 어…. (머뭇거리다가)그동안 아프셔가지고…? (정 이사를 힐끗 본다) 못 나오셨는데…. 이번에 특별히 잠깐… 어… 워크숍만… 네.
정 이사   (밝게 웃으며)안녕하세요.

그때 정 사장과 백진상이 온다.

정 사장　　준비 다 됐지? 짐 싣고 내 차랑 이 과장이 차에 나눠 타. 가자.

정 사장과 이 과장은 운전석에 각자 탄다. 이미나, 조충범, 정 이사가 이 과장 차에 타려고 한다. 이미나와 이예영이 재빨리 이 과장 차에 탄다. 눈치를 깐 정 이사가 이 과장 차 조수석에 재빨리 타버린다. 뭔가 해냈다는 표정의 정 이사. 조충범은 짜증 난 표정으로 할 수 없이 정 사장의 차에 탄다. 백진상은 별 생각 없이 정 사장 차에 올라탄다. 직원들을 태우고 차는 출발한다.[1]

S#4. 펜션 앞 / 낮[2]

펜션 앞에 도착한 두 대의 차. 차에서 장 봐 온 물건들을 내리는 조충범과 이 과장. 이미나도 조금 돕는다. 이예영은 뒤에서 돕는 척한다.

정 사장　　일단은~ 한 넉넉잡아 1시간 정도 쉬면서 세팅하고~ 고다음 요 앞에 모여서 프로그램 진행하자~ 오케이?

일동　　（대충 대답하며)네~

남직원들과 여직원들은 각각 자기 방으로 흩어진다.

S#5. 펜션 / 낮

조충범과 이 과장이 사 온 물건들을 정리하고 퀴즈와 보물찾기 프로그램을 준비한다. 이미나는 카레를 요리 중이다. 이예영은 펜션 밖에서 핸드폰을 들고 다니면서 직원 한 명 한 명 인터뷰를 따고 있다. 이예영이 카레를 준비 중인 이미나에게 다가간다.

이예영	(카메라를 셀카로 들이밀며)이미나 대리님~ 안녕하세요~

이예영   (카메라를 셀카로 들이밀며)이미나 대리님~ 안녕하세요~

이미나   (약간 어색해하며)아 예, 안녕하세요.

이예영   대리님이 지금~ 카레를 만들고 계시네요~ 평소에 요리는 자주 하시는 편인가요~?

이미나   뭐… 그냥 연습하는 정도입니다.

이예영   (숟가락을 들어 카레를 뜨며)저 맛 한번만 봐도 되죠?

이미나   네.

카레를 한번 먹어보는 이예영.

이예영   (맛이 그냥 그렇다, 상투적으로)우와~ 열심히 연습하시나 봐요 ~ 노력이 느껴져요~!

이미나   (어색하게 웃으며)네, 감사합니다.

이예영   그럼 다음은 사장님을 만나러 가볼게요~ 대리님 감사합니다~

이미나   네.[3]

밖으로 나온 이예영. 이번에는 정 사장에게 다가간다. 정 사장은 담배를 피고 있다.

이예영   (핸드폰 녹화를 하면서)정 사장님~ 인사 한번 해주세요~

정 사장   (담배를 손으로 감추며 어색하게 손으로 V자를 그리며)허허허 ~ 안녕하세요~ 정승 네트워크의 정필돈 사장입니다~

이예영   이번 MT에 오신 소감 한 말씀 해주세요~

정 사장   허허허~ 정확하게는 워크숍이구요~ 이번 워크숍으로 저희 정 승 가족들이 더 돈독해지는 계기가 되었으면 좋겠습니다.

이예영   네~ 좋은 말씀 감사합니다, 사장님~[4]

S#6. 펜션 방 안 / 낮

테이블에서 큰 냄비에 카레를 놓고 직원들이 점심을 먹고 있다. 이 과장만 일어나 빔 프로젝트를 켜놓고 발표를 하고 있다. 낮이라 빔 프로젝트는 잘 보이지도 않는다. 뭔가 그래프와 숫자가 이것저것 있는 워드 파일.

이 과장   네… 그래서 작년 정승이 상황은 이렇구요. 올해 정승의 목표와 비전을, 식사 중이니까, 최대한 빨리, 간략하게 말씀드리겠습니다.

정 사장은 팔짱을 끼고 밥은 먹지 않은 채 유심히 보고 있다. 백진상과 정 이사는 듣는 둥, 마는 둥, 이예영과 이미나, 조충범은 보는 척하며 카레를 열심히 먹고 있다.

이 과장   올해 저희 정승은 두 노선을 병행하고자 합니다. 첫째로는 기존 태해물산을 비롯한 국내 업체와의 협업을 통한 러시아로의 중고차 부품 및 국내 생산 식품 수출 연결. 늘 해왔던 것처럼 올해도 변함없이 진행할 우리의 주요 먹거리입니다. (스크롤을 계속 넘기며)두 번째로는, 이번 연도 사장님의 강력한 의지가 들어간 디지털 사업입니다. 정부 사업 과제를 필두로 한 어플리케이션 개발 등, 사장님의 지시 아래 사업의 다각화를 꾀할 예정입니다.

정 사장   (카레를 먹으며)어어, 발표 훌륭합니다. 수고했고, 빨리 앉아서 밥 먹어.

이 과장   (자리에 앉으며)감사합니다~

식사를 계속하는 직원들.

S#7. 펜션 건물 밖 공터 / 낮

직원들이 일렬로 서 있다. 정 사장이 나와 서 있고 그 옆에 이 과장이 나와서 판넬을 들고 있다.

이 과장 여기에 제시되는 단어를 사장님이 설명해주실 겁니다. 한 문제당 1점이구요. 오늘 게임을 통해 제일 점수가 높은 한 분에게는 사장님의 특별 선물이 있겠습니다.

정 사장 (흐뭇하게 웃고 있다)

이 과장 그럼, 시작하겠습니다! 주제는 '회사'와 관련된 것입니다!

뒤돌아 판넬을 거꾸로 들어서 단어를 정 사장에게만 보여주는 이 과장. 문제는 '엘리베이터'.

정 사장 그 올라갔다 내려갔다가 하는 거!

조충범 (손을 들며)주식!

이 과장 땡!

조충범 (혼잣말로 작게)아씨… 비트코인인가?

정 사장 야, 그게 회사랑 뭔 상관이야? 그 있잖아! 문도 열었다가 닫았다가 하고!

조충범 (혼잣말로)주식 맞는데…?

이예영 정답! 우리네 인생!

정 사장 (웃으며)하하, 예영 씨, 인생 다 살았어? 뭐야? 하하.

정답을 몰라 잠깐의 침묵.

이 과장 우리 회사엔 아쉽지만 없어요! …(조금 고민하다가)사람들도 실어 나르고!

조충범   정답! 엘리베이터.

이 과장   정답! 다음 문제!

다음 단어는 '야근'.

정 사장   웬만해서는 안 하는 게 좋지만, 회사 발전을 위해서라면 간간이
꼭 할 수밖에 없는 것!

이예영   정답! 회사 욕!

이예영에게 모두의 이목이 집중된다. 그때 분위기가 어색해지기 전에 정 이
사가 손을 든다.

정 이사   어… 주말 출근?

정 사장   (흐뭇해하며)오~ 비슷한데 땡. 다음 사람?

조충범   정답! 야근!

정 사장   오케이, 정답![5]

S#8. 펜션 건물 뒤 공터 / 낮

직원들이 보물찾기를 하고 있다. 이미나가 보물(종이 쪽지) 하나를 바위 뒤에서 발
견한다. 이예영은 뒤에서 보물을 찾기보다는 브이로그를 계속 진행하고 있다.

이미나   (비교적 쉬운 곳에 놓인 쪽지를 찾아 펼쳐본다)…하….(어이가
없어서 비웃는다)

그때 이 과장과 조금 떨어진 곳에서 조충범이 종이를 발견한다. 종이에는 '5점'이 적혀 있다.

조충범   (약간 기뻐하며)오, 5점이다!

S#9. 족구장 / 낮

팀을 나눠 족구를 하는 직원들. 백진상, 정 이사, 이예영이 한 팀. 정 사장, 조충범, 이미나가 한 팀. 이 과장이 심판을 보고 있다.

여직원들은 손을 써서 족구를 한다. 정 사장의 토스를 이미나가 강스파이크 해서 넘기고, 정 이사 배에 맞으며 점수를 따낸다. 맞은 곳을 부여잡고 자리에 털썩 주저앉는 정 이사.

정 이사   (기침하며)커헉…!
이 과장   사장님 팀 승!~
백진상   (퉁명스럽게)아니, 배 맞은 건데 이게 점수야?
이 과장   발이나 머리로 해야죠~ 배는 안 되죠~
정 사장   야~ 정 이사~ 한 방 제대로 먹었네, 아주~

매우 좋아하는 정 사장, 그닥 동요하지 않는 나머지 직원들.

S#10. 펜션 고기 굽는 테이블 / 밤

저녁 시간. 테이블에는 삼겹살과 소주, 맥주, 일회용 컵과 김치 등이 즐비하게 놓여 있다.

조충범과 이 과장은 열심히 고기를 굽고 있고 이 과장이 다 익은 고기를 가져와서 테이블에 올려놓는다. 직원들은 술잔에 술을 따라주고 있다. 이예영은 계속 브이로그 비슷하게 영상을 찍고 있다. 정 사장이 일어난다.

정 사장　　어… 다들 잔들 따랐지? 아무튼 오늘 다들 수고 많았고, 열심히 준비한 사람들한테도 다들 박수 한 번씩 쳐줘.

직원들이 설렁설렁 박수를 쳐주고, 조충범과 이 과장은 고기를 굽다가 목례를 하며 인사를 받는다.

정 사장　　아, 그리고 오늘 점수 1등 조 주임이라고 했지? 오늘 기념 선물이야.

정 사장은 뒤 테이블에 올려두었던 포장된 선물을 조충범에게 준다.

조충범　　(살짝 설레며)감사합니다.
정 사장　　축하하고 조 주임. (잔을 들며)자… 아무튼 올해 초에 우리 이 정승에 사람이 많이 늘어났지? 이래저래 정신없는 한 해가 될 것 같은데, 다 같이 헤쳐나가보자고, 올해는….

그때 이미나가 말을 자른다.

이미나　　건배~!

그 말에 정 사장도 자기도 모르게 건배를 해버린다.

정 사장   (당황하며)엉? 어어 건배!

건배를 하는 직원들. 조충범과 이 과장도 고기를 굽다가 서서 건배를 한다. 본격적으로 고기와 술을 먹기 시작한다. 정 사장은 조충범에게 또 인생 조언을 시작한다. 조충범은 옆에 앉아서 술을 받아 먹으며 이야기를 듣고 있다. 정 이사는 이예영을 계속 노려보지만, 이미나가 정 이사와 이예영 중간을 막고 이예영에게 계속 말을 걸고 있어서 선뜻 말을 할 수 없다. 백진상은 말없이 술을 먹는다. 이 과장은 여기저기 끼며 대화한다. 어느 정도 시간이 흐른 후, 테이블은 너저분해진다. 조충범도 많이 취했다. 이예영은 술이 취해 헛소리를 한다.

이예영   (팔하트를 그리며)아~ 정말 사랑합니다, 사장님~ 만수무강하세요~

이미나는 그런 이예영을 부축해 일어난다.

이미나   저랑 예영 씨, 너무 많이 먹어서 먼저 들어가보겠습니다. 안녕히 주무세요.

이미나와 이예영은 여자 방으로 들어간다. 그 모습을 안타깝게 쳐다보는 정 이사. 이내 정 이사도 남자 방으로 들어간다.

정 이사   (풀이 죽은 채 일어나 들어가며)피곤해서 먼저 잘게요.

조충범은 술을 너무 많이 먹어 정신을 못 차리는지 테이블을 잡고 어질어질하고 있다.

이 과장	저… 충범 씨도 많이 취한 것 같은데 이제 들어가서 자야 되지 않을까요?
정 사장	아니, 얘는 뭐 얼마나 먹었다고 남자가 말이야…. 술 그만 먹고 들어가서 화투나 치자. 빽 차장, 이 과장, 정리하자, 이제.
백진상	전 여기 이 과장이랑 대충 정리하고 들어갈게요.
이 과장	(살짝 놀라며)어어? 아… 그러면 사장님 먼저 들어가시죠.
정 사장	에잉? 내일 치우지. 그럼 나랑 충범 지금 들어간다. 조 주임, 가자.
조충범	(술이 떡이 된 채로)네….

정 사장과 조충범은 들어간다. 치우는 시늉을 하다가 백 차장이 이 과장에게 말한다.

백진상	이 과장님, 얘기나 좀 합시다.
이 과장	네? 네 네….

이 과장은 정리를 하던 물건들을 내려놓고 자리에 앉는다.

S#11. 펜션 남자 방 / 밤

남자 방에 들어온 조충범과 정 사장. 정 이사는 오자마자 씻지도 않고 이불을 뒤집어 쓰고 자고 있다.

정 사장	충범, 나 먼저 씻어도 되지?
조충범	(잔뜩 취한 채로)아, 예. 예.

화장실에 먼저 수건을 들고 들어가는 정 사장. 조충범은 취한 채로 선물을 방에 가지고 들어간다. 방에서 선물을 벅벅 뜯어보는 조충범. 포장을 뜯으니 안에는 수건 두 장과 자기 계발서가 들어 있다. '정승 네트워크 상반기 워크숍 기념'이라고 쓰여 있는 허접한 수건. 조충범은 수건을 옆으로 던져 버린다. 책은 딱 봐도 고리타분해 보이는 허접한 자기 계발서 한 권이다. 책을 한 손으로 쭉 넘기다가 목차 전 빈 페이지에 정 사장이 자필로 쓴 글귀를 확인한다. '열정과 애사심을 가지고 함께하는 정승인이 됩시다, 사장 정필돈'. 취해서 제대로 보이지 않는 조충범은 눈을 치켜뜨고 글귀를 확인한다.

조충범   (눈을 흐리게 뜨며)뭐… 뭐야, 이거…? 어우씨….

조충범은 선물 받은 책을 머리에 베고 누워서 잠을 청한다.[6)]

S#12. 펜션 고기 굽는 테이블 - 사람들이 떠난 후 / 밤
다시 자리에 앉는 두 사람.

백진상   담배 펴요.

이 과장   아뇨, 괜찮아요.

백진상   …후…(한숨) 본론만 말할게요. 과장님, 회사 옮길 생각 없어요?

이 과장   (놀라며)예?

백진상   나, 정필돈이 밑에서는 더는 일 못하겠습니다. 곧 나가서 내 회사 차릴 건데, 과장님도 따라오시죠.

이 과장   (충격 먹은 듯)아….

백진상   뭐, 이 과장님 따라오든 안 오든 나는 이 회사 나갈 겁니다. 과장님, 정 사장이 일한 만큼 제대로 대우해준다고 생각해요?

이 과장 쓰읍… 아니… 뭐….

백진상 난 진짜 불만 많거든. 러시아까지 가서 좆빠이 치고 왔는데 사
장 새끼는 어플이니 개발자니 삽질이나 하고 앉았고. 지 백수
조카 놈 탈세한다고 이사에 앉혀놓지를 않나, 연봉 협상도 좆같
이 해주고…. (생각났다는 듯)아 맞다, 연봉 협상 어떻게 됐어?

이 과장 저는… 뭐… 사정이 있어가지고 일단 동결….

백진상 동결?? 와이… 진짜! 옛날부터 아주 일관되게 개새끼야, 저건.
과장님 지금 애가 둘이잖아요. 월급 3백은 돼요?

이 과장 3백은 되죠….

백진상 이 과장님 가족 생각도 해야지. 저 멍청한 새끼 밑에 있으면 과
장님만 힘든 게 아니에요. 씨발 애들 고기나 제대로 사주겠어
요? 나, 다른 업체에다가 얘기 좀 해놨어요. 조금 갑작스러운
거 아는데, 확실해지기 전엔 말하기 좀 그랬어.

이 과장 (고개를 떨구고 고민을 한다)….

백진상 시간 줄 테니까 고민 좀 해봐요. 조충범이랑 이미나한테도 똑같
이 말해놨거든요. 뭐 나야, 이 과장 따라오든 아니든 나갈 거지
만…. (일어나며)후… 들어갑시다.

이 과장 (고민하다가 일어나며)네….

둘은 들어간다.

+왓챠 추가본 S#13. 펜션 남자 방 / 아침

다음 날 아침. 백진상과 조충범은 방에 들어가 자고 있고, 정 사장과 정 이사가 거실
바닥에 드러누워 자고 있다. 이 과장은 일어나서 라면을 끓이고 있다. 바닥 가운데

냄비를 놓고 식기를 꺼내놓는다. 그리고 사람들을 깨우기 위해 큰 소리로 박수를 치며 소리 지른다.[7]

이 과장　(박수를 크게 치며)자~ 정승 사람들~ 기상입니다~ 아침 먹어요, 아침~

정 사장은 천천히 일어난다. 정 이사는 덮고 있던 이불을 완전 뒤집어쓰고 시끄럽다는 듯 일어나지 않는다. 조충범만 방에서 나오고, 백진상은 나오지 않는다.

정 사장　저어으… 죽겠네. 어젯밤에는 괜찮았는데….

조충범　(일어나자마자 젓가락을 들고 눈을 덜 뜬 채)잘 먹겠습니다.

정 사장　어어, 충범, 있어봐. 옆방 식구들도 불러야지. 어떻게 우리끼리 먹나?

이 과장　아, 맞다. 전화할게요. (전화를 해서)예, 이 대리님. 예영 씨랑 같이 와서 라면 드세요.

그 소리를 들은 정 이사는 갑자기 일어나서 모자와 안경을 쓰고 옷매무새를 가다듬는다. 잠시 후 예영과 이미나가 추레한 모습으로 들어온다.

정 사장　어어, 이 과장이 라면 끓였어. 아침은 이걸로 먹자고.

이예영　(잠이 덜 깬 잠긴 목소리로)잘 먹겠습니다~

백진상을 제외한 정승 직원들이 모여서 라면을 먹는다.

정 사장　(라면을 먹으며)아이, 라면은 면발 굵은 게 맛있는데….

　　　라면 누가 샀냐?

이 과장　　(웃으며)하하, 죄송합니다. 좀 다양하게 살걸 그랬나 봐요.

라면을 먹으면서까지 쿠사리를 주는 정 사장. 백진상은 방에 누워 핸드폰을
하며 바깥을 째려본다.

종종소
[14화 끝]

━━━━━━━━━━━━━━━ 주 ━━━━━━━━━━━━━━━

1) 사장 차에 타기 싫은 직원들의 마음을 표현하려고 한 장면입니다. 다만 급작스럽게 일어나는 각 인물들의 눈치싸움이다 보니 영상으로 전달하기가 쉽지 않았습니다.

2) 원래 시나리오상에서는 장소를 MT나 워크숍을 갈 때 자주 이용하는 펜션으로 설정했습니다. 그러나 실제 로케이션은 시골에 위치한 상당히 오래된 식당으로 하게 됐습니다. 처음에는 예상과 다른 풍경에 당황했으나, 다시 생각해보니 정승 네트워크라면 영상에 나오는 식당이 더 잘 어울릴 수도 있겠구나 싶었습니다. 결과적으로는 기존 콘셉트보다 더 자연스럽게 연출한 것 같아 만족하고 있습니다.

3) 많은 시청자가 이미나와 이예영 간에 특별한 상황이 발생하기를 기대했습니다. 그러나 개인적으로 여성 캐릭터에 대한 이해도와 고증이 부족한 상태에서, 둘의 관계를 어설프게 표현하는 것은 상당한 모험이라고 판단했습니다. 따라서 아쉽지만 이예영과 이미나는 크게 부딪히지 않는 선에서 각자 갈 길을 가는 콘셉트로 제작했습니다.

4) 이예영과 정 사장이 같이 담배를 피는 상황은 촬영 현장에서 갑작스럽게 떠오른 장면입니다. 개인적으로 상당히 마음에 들었습니다.

5) 퀴즈 장면에서는 직원과 사장의 극명한 온도 차를 보여주고자 했습니다. 무언가에 대한 입장이 본인이 처한 위치에 따라 현저히 다를 수밖에 없는 상황을 묘사했습니다.

6) 누구도 가지고 싶어 하지 않는 선물을 표현한 테이크였지만, 생각보다 상당히 지루하고 길어서 쓸데없이 러닝타임을 잡아먹고 말았습니다. 그 때문에 편집하면서 많이 걷어냈습니다.

7) 영상에는 거미가 기어다니는 장면이 삽입되어 있습니다. 전혀 의도하지 않은 시퀀스로, 실제 촬영 시 발견해 재빨리 찍어 영상으로 남기게 되었습니다. 영화업계에서는 촬영하다가 거미가 나오면 길한 것으로 생각한다고 합니다.

15화.
좋소식 퇴사

S#1. 태해물산 회의실 / 낮

태해물산 사장과 백진상이 회의실에서 얘기를 하고 있다.

태해물산 사장

아니… 다 알겠는데, 아… 이거를 이런 식으로 통보한다는 게…. 아무래도 내가 마음이 편치가 않아서….

백진상 (답답한 듯 책상을 두들기며)사장님, 언제까지 남의 구구절절한 사연 다 들어주면서 사업합니까? 수치, 결과만 보고 이성적으로 하시죠. 아니 정 그러면, 제가 대신 말씀드릴까요?

태해물산 사장

아니, 내가 또 백 차장 곤란하게 만들면 안 되니까…. 알겠어요, 그럼.

백진상 (안심하며)예 예. 원래 버릴 건 딱 버리고 가시는 겁니다.

불안한 눈빛의 태해물산 사장과 자신만만한 백진상의 모습.[1]

S#2. 한 카페 / 낮

백진상이 러시아 남자와 함께 커피를 마시고 있다. 진지한 표정의 백진상.

백진상 As soon as possible, i will left J.S. When i left, you go to Vladivostok, Setup process.

러시아인 Ok. No problem. We issue LC from Canada, so when you send money, everything will be started. We are all ready. Good luck to your new company.

백진상 (웃으며)Thank you.

S#3. 정승 네트워크 흡연장 / 낮

정 사장이 흡연장에서 전화를 받고 있다.

정 사장   아니, 사장님… 이렇게 일방적으로 하시면 저희는 어떡합니까…? 막말로 저희는 태해물산 계약 없으면 매출 절반 이상이 날아가는데 미리 언질이라도 주셔야죠.

태해물산 사장
          (전화기 너머로)아니, 정 사장… 우리한테만 의존하는 게 그게 내 잘못은 아니잖아…? 우리도 내부 사정이 있어서 그래…. 그래서 이렇게 계약 전에 미리 알려주는 거잖아.

정 사장   (부들부들하며)정말 너무하시는 겁니다…. 저희가 몇 년간 쌓은 신뢰라는 게 있는데….

태해물산 사장
          나도 관련된 사람들이 많아서 내 맘대로 할 수가 없어…. (타이르듯)이해 좀 해주고, 다음에 좋은 건 있으면 그때 또 같이 하면 되지.

정 사장   (큰 한숨)후… 알았어요.(전화를 끊는다)

전화를 끊고 열받은 듯 담배를 깊게 한번 피는 정 사장.

S#4. 정승 네트워크 사무실 / 낮

담배를 피고 들어오는 정 사장. 기분이 몹시 안 좋아 보인다. 정 이사를 제외한 모든 인원들은 각자 일을 하고 있다. 이예영은 조용조용 개발 일을 하면서 브이로그를 찍고 있다. 들어와서 자리에 털썩 앉는 정 사장. 이 과장과 백진상이 그 모습을 신경 쓰지만 딱히 다른 말은 건네지 않는다. 정 사장은 의자에 기대 고민을 하다가 백진상을 부른다.

정 사장   백 차장. 잠깐 얘기 좀 하자.

컴퓨터로 몰래 토토를 보고 있다가 대답 없이 정 사장에게 가는 백진상.

백진상   …네.

정 사장   하… 방금 태해물산 사장이랑 통화했는데, 갑자기 올해는 우리
               랑 같이 안 한다고 통보하네. 아… 왜 그러는지 모르겠네. 그 우
               즈베키스탄 건이 마음에 안 드나? 아니, 몇 년을 같이 했는데
               이러는 게 어딨어….

백진상   (퉁명스럽게)그래요? 뭐, 사정이 있겠죠.

정 사장   하… 이제 와서 다른 업체 찾아보기도 빠듯하고…. 우리 그거
               빠지면 큰 건은 없거든….

백진상   그러니까 중간에 쓸데없는 업체 미리 좀 걷어내지 그러셨어요.

정 사장   (신경 쓰며)뭐? 장 과장네 얘기하는 거야?

백진상   아니 뭐, 장 과장뿐만 아니라….

정 사장   늘상 하던 프로세스로 가는 거지, 우리 방식이 있는데. 지금 내
               잘못인 것처럼 얘기하는 것 같아, 백 차장?

백진상   (한마디 하듯)꼭 그렇다는 건 아닌데, 낡은 일 처리 방식은 재
               고해볼 필요는 있죠.

정 사장   (살짝 흥분하며)아니 빽, 뭐 마음에 안 드는 거 있어?

백진상   (마음먹은 듯)없겠어요, 그럼?

이 한마디에 모두가 둘의 눈치를 보기 시작한다. 이예영은 자기 얼굴을 찍
다가 핸드폰을 돌려서 둘의 모습을 촬영한다.

정 사장   (일어나서 따지듯)뭐, 뭔데?

백진상   다 있는 데서 얘기해요? 한두 개가 아닌데?

정 사장은 어이없어한다.

정 사장   아니, 너 말이야, 러시아 갔다 온 뒤부터 태도가 좀 이상하긴 했어. 마음에 안 드는 게 있으면 얘기를 하든가.

백진상   막말로다가, 내가 사장님 1~2년 봤습니까? 바꿔줄 생각이 전혀 없어 보여서 안 한 거예요. 낡아빠져가지고 말이야….

정 사장   야, 너 말 다 했어, 지금?

백진상   할 말 아직 존나 남았는데, 어떻게, 더 해드려요? 하다못해 얼마 전에 연봉 협상한 거, 여기 직원들한테 한번 다 물어봐요. 마음에 들어 하는 사람 있나 없나.

이 말에 이 과장은 긴장을 한다.

정 사장   그건 그때 얘기해서 다 합의된 거잖아. 이미 정리한 건데 뭔 불만이 있는데?

백진상   아니 그러니까 직원들한테 한번 물어보라고요. (뭔가 마음먹은 듯이)됐다…. 후… 원래 시간 더 지나면 얘기하려고 그랬는데, (고개를 끄덕이며)말 나온 김에 하지 뭐. 나 그만둡니다.

정 사장   뭐?

백진상   (쏘아붙이며)이제 당신이랑 일 더 안 한다고요. 이번 달 일 안 한 걸로 칠 테니까 퇴직금이나 쏴주쇼.

백진상은 싸우다가 고개를 돌려 직원들한테 묻는다.

백진상	이미나, 조충범, 이 과장, 지금 정해. 나랑 같이 갈 사람 지금 나가자고. 그동안 고민은 충분히 했지?
정 사장	(어이없어하며)뭔 소리야, 이게…?
백진상	이미나, 어쩔 거야?

이미나는 뒤돌아서 백진상을 쳐다본다.

이미나	(어림도 없다는 듯 백진상을 보며)안 가요.
백진상	그럴 줄 알았어. 됐어, 넌. 야, 조충범. 너는?
조충범	어….(머뭇거린다)
백진상	저 새끼는 맨날 뜸 들여?
정 사장	(직원들을 쳐다보며)뭘 따라가? 너네 무슨 얘기했어?
백진상	(무시하며)이 과장, 어떻게 할 거예요?
이 과장	(일어나며)…후….
백진상	(화색을 보이며)이 과장이 봐봐. 얼마나 시달렸으면, 에휴. 애가 둘인 사람한테 연봉 동결이 말인가, 진짜? 지금 짐 챙겨서 나갑시다.
정 사장	(당황하며)뭐, 나가?
이 과장	백 차장님, 저 안 갑니다.
백진상	(놀라며)뭐?
이 과장	백 차장님이 태해물산 가서 이상한 말씀 하셨죠? 아무리 사장님이 미워도 그렇게 하면 안 되죠.
정 사장	아니 뭐야… 태해물산…?
백진상	아니… 하… 진짜 지능 박살 난 새끼네….
정 사장	(백진상에게)야!
백진상	(목소리 크게 하며)너나 이미나나 저 신입 새끼나 씨발 다 개

병신 새끼들이냐??

정 사장   (백진상의 멱살을 잡으며)야!!!!! 네가 뭔데 직원들한테 욕을
해??

백진상   (실랑이를 벌이며)놔, 이 씨발 새끼야!

투닥투닥하는 몸싸움이 일어나고, 이미나는 앉아서 계속 관망 중. 조충범과
이 과장은 나와서 말리는 액션을 취한다. 이예영은 그 모습을 계속 핸드폰
카메라로 찍고 있다. 일단 멱살은 놓은 둘.

백진상   (옷을 정리하며 정 사장을 보며)끝까지 지랄맞네, 씨발….

정 사장   야, 나 몰래 직원들 스카웃을 해? 네가 양심이 있는 놈이냐?

백진상   (손가락질을 하며)너나 양심 챙겨. (직원들을 보며)야, 여기 나
없으면 돌아갈 것 같아? 평생 구멍가게에서 조삥이 쳐라, 등신
새끼들아.

백진상은 본인 자리에서 핸드폰과 가방 등 꼭 필요한 것만 챙기고 사무실을
나간다. 정 사장은 그 모습을 화난 상태로 바라본다. 이 과장과 조충범은 일
어나 있고, 이예영은 촬영을 계속한다. 이미나는 턱을 괴고 그 모습을 바라
보고 있다.[2]

+15화 추가본 S#5. 백차장의 차 / 낮
화가 난 표정의 백 차장. 차를 몰고 가며 혼잣말로 중얼거린다.

백진상   (한숨 섞인 채)어유 씨발, 병신 새끼들… 저러니까 씨팔 평생
좆소를 못 벗어나지. 기회를 줘도, 씨발…. (한 손으로 핸드폰을

만지며)그 사장에 그 직원이야, 아주….

백진상은 운전을 하면서 음성 명령으로 어딘가에게 전화를 건다.

백진상　　심근화한테 전화 걸어.

오른손으로 전화기를 잡아 귀에 대고 운전을 하는 백진상. 상대방은 한참
동안 전화를 받지 않는다.

백진상　　(전화를 끊으며)에유… 씨발…. (다시 버튼을 누르고)로만한테
　　　　　전화 걸어.

다시 오른손으로 전화기를 귀에 대고 운전을 하는 백진상. 역시나 한참 동
안 전화를 받지 않는다.

백진상　　(작게 화내며)코쟁이 새끼들은 맨날 전화를 쳐 안 받아??

핸드폰을 조수석으로 툭 던지고 운전을 계속하는 백진상.[3]

정 사장　　(흥분한 채로)아니, 뭐 저런 새끼가…. 아니… 하…. 분이 안 풀
　　　　　리네….

이 과장　　사장님, 진정하세요. 백 차장 따라갈 사람 여기 아무도 없어요.

정 사장　　아니 진짜, 내가 살다 살다 별 거지 같은 꼴을 다 봐…. 저거를
　　　　　신고를 확 해버려? 쟤랑 나랑 몇년을 같이 일했는데 이딴 식으
　　　　　로 끝을 봐? 어후 진짜….

이 과장　　사장님, 전 놀랍지도 않더라구요. 저럴 인간이라고 생각했어요.

정 사장   (살짝 미소를 띠며)하…. 저 자식 지금 나가서 자기 회사 차리려고 직원들 스카웃하려고 했던 거야? (약간 반색하며)그래도 우리 직원들, 의리 있다. (갑자기 뭔가 떠오른 듯)아니 충범, 너 왜 고민을 해?

조충범   아아… 저는 원래 말이 느려서…. 저도 두 번은 도망 안 갑니다, 사장님.

정 사장   (은근 기뻐하며)자식, 은근 지조 있어? 이 대리도 그렇고.

이미나   (턱을 괸 채로 모니터를 보며)따라갈 이유가 없죠. 심근화 주임도 저 새끼 때문에 그만뒀는데.

정 사장   (놀라며)심근화 주임이 백진상 때문에 그만뒀어? (이 과장을 보며)아니 그나저나, 이 과장, 태해물산 쪽은 원래 알고 있었어?

이 과장   그쪽 직원 말 들어서 대충 그럴 것 같다 생각했는데, 아까 얘기 들어보니까 맞더라구요. 백진상이 장난친 게.

정 사장   아이, 진짜 살다 살다 별꼴을 다 보겠네… 후…. (팔짱을 낀다)

이 과장   사장님, 말 나온 김에 말인데요. (당당하게)그러면, 전번에 얘기했던 연봉 협상 재고 가능합니까.

정 사장   연봉? 아니, 이미 끝난 얘기를….

이 과장   (고개를 빳빳이 들고)사장님. 저 의리 지켰습니다. 많이 필요 없고 올려만 주세요.

정 사장   (살짝 고민하다)어… 그래… 그래! 올려줄게! 다시 얘기해! 까짓꺼. 백 차장이 연봉 3천5백만 원 나눠서 너희들 거 올려줄게! 또 뭐 필요해? 다 해줄게!

이미나   그러면 저희 공기청정기 하나 놓으시죠. 폐 썩을 것 같아요.

정 사장   전담을 끊…. 알았어. 까짓거 얼마나 한다고. 다 해! 조 주임! 뭐 필요한 거 있어?

조충범	어… 저는…. 청소 아주머니 구했으면 좋겠어요.
정 사장	청소하기 싫었어…? 아니다, 알았어! 알아볼게!
이예영	사장님, 저두요! 회사에 간식을 항상 비축해뒀으면 좋겠습니다!
정 사장	아니, 예영 씨는…. (마지못해)알았어, 알았어.
이예영	(웃으며)예쓰~
정 사장	하… 안 되겠다. 일 못하겠네. 지금 바쁜 사람 없지? 다 모여봐. 얘기나 좀 하자.
일동	(각자 톤으로)네~

자리에서 일어나 모이는 직원들.

+왓챠 추가본 S#6. 정승 네트워크 사무실 / 낮
회의 대형으로 모인 정승 네트워크 직원들과 정 사장.

정 사장	내가 아직도 화가 안 풀리는데…. 그동안 나는 회사에서 여러분한테 잘해줬다고 생각했거든. 그래도 뭔가 놓친 게 있진 않을까, 갑자기 그런 생각이 들더라고. 이참에 우리 속시원하게 다 털고 가자. 이런 일을 방지하고자 하는 차원에서 하고 싶은 얘기 있으면 여기서 다 털고 가자.
이 과장	그… 저는 연봉은 올려주시는 거죠…?
정 사장	(짜증 내며)아이씨, 알았다고.
이미나	사장님. 저희 야근하는 날은, 야근수당은 괜찮으니까 다음 날 늦게 출근하게 해주세요.
정 사장	아니 근데 야근을 한다는 건 바쁜 시기라는 건데, 늦게 출근하면 안 되지 않나…?

이미나	그럴 땐 각자 눈치껏 알아서 하면 된다고 생각합니다.
정 사장	쯧… 믿어봐도 되나?
이 과장	(옆에서 거들면서)에이, 저희가 뭐 애도 아니고. 아침에 한두 시간만 늦게 출근하게 해주셔도 진짜 큰 도움 되죠.
정 사장	알았어. 그렇게 해.
이예영	저희 커피머신 하나 놓는 거 어때요? 사무실 냄새도 고급져져요!
정 사장	너무 사치 부리는 거 아냐? 인스턴트커피가 제일 맛있는데…. 유튜브 같은 거 보면 외국인들이 막 제일 맛있다고 그러던데….
이예영	분위기도 엄청 달라져요~ 사장님!
정 사장	그건 내가 생각 좀 해볼게.(팔짱을 끼고)충범, 뭐 또 없어?
조충범	저는 아까 청소 아주머니만 일주일에 한두 번이라도 해주시면 뭐… 업무에 더 집중할 수 있을 것 같습니다.
정 사장	그래 그래. 아이, 조 주임이가, 그래도 도망갔다 온 뒤부터는 열심히 하려고 하는 게 보인단 말이야.(조충범의 어깨를 툭 건드리며)많이 변했어, 조 주임. 응?
조충범	하하….(멋쩍게 웃는다)
정 사장	앞으로 말이야, 마음에 안드는 거 있다고 저 저, (턱으로 문을 가리키며)저놈처럼 개판 치고 나가지 말고 나한테 말을 해, 말을. 내가 말하면 안 들어줄 사람이냐고, 엉? 나도 노력할 테니까, 서로 얘기도 많이 하고, 으쌰으쌰 하자고.
일동	네.
정 사장	그럼, 뭐, 다들… 다시 일들 할까? (잠깐 생각하다가)에이, 기분 잡쳐서 안 되겠다. 카페나 가자. 커피 쏜다, 오랜만에.
일동	네~

자리에서 일어나 커피를 마시러 나가는 직원들.[4)]

S#7. 백진상의 작은 사무실 / 낮

상당히 작은 사무실에 소규모의 이삿짐이 들어오고 있다. 백진상이 다른 직원 한 명과 함께 물건을 옮기고 있다. 물건을 옮기던 중, 걸려오는 전화.

백진상   여보세요? 아아, 사장님. (들고 있던 물건을 내려놓는다. 다른 직원은 계속 짐 옮기는 중)예예. 얘기 잘 마무리됐습니다. 에이, 웃으면서 나왔죠. 굳이 얼굴 붉힐 일 있나요. 블라디보스톡 쪽은 제가 현지인 로만이랑 커뮤니케이션 계속 하고 있구요, 그쪽 공장 완료되는 대로 가동한다고 하니까 물건만 잘 보내주면 될 것 같습니다. LC는 캐나다 은행에서 발행하기로 했어요. 아이, 그럼요. 걱정 마세요. 네 네. 알겠습니다. 연락드릴게요, 사장님 ~! (전화를 끊는다)

백진상은 전화기를 집어넣고 물건을 옮기는 직원을 쳐다본다.

백진상   (싸가지 없게)야야, 그거 여기다 놔. 어리바리 좀 그만 까라, 좀.
직원   네~

S#8. 골목길 / 낮

인스턴트커피를 들고 어딘가로 계속 전화를 하는 백진상. 걸었다가 끊기를 반복한다.

백진상   아니, 이런 씨발, 왜 이렇게 전화를 쳐 안 받아?

초조한지 커피를 원샷 때리고 종이컵을 구겨서 던지는 백진상.

S#9. 공항 / 낮

러시아인과 캐나다인이 택시에서 내린다. 캐리어를 끌고 공항으로 들어가는 둘. 러시아인 뒷주머니의 핸드폰이 계속 진동으로 울리지만, 신경 쓰지 않는다.

S#10. 정승 네트워크 사무실 / 낮

핸드폰 셀카 촬영. 이예영이 브이로그를 시작한다.

이예영   (속삭이며)안녕하세요. 오늘은 출근한 지 3일째 되는 날입니다. 오늘도 평범한 하루네요. (녹차라테를 들어 올리며)저는 아메리카노보다는 녹차라테를 자주 먹어요. 녹차에도 카페인이 들어 있어서 잠도 깨고 맛있거든요.

그때 이예영 뒤로 백진상이 보인다. 백진상의 얼굴은 모자이크가 되어 있다. 아메리카노 두 잔을 들고 있는 백진상은 사무실 주변을 두리번거린다. 사무실에는 조충범을 제외한 나머지 인원 모두 담배를 피러 나가서 없는 상황. 이예영은 백진상의 눈치를 보고 백진상이 이예영에게 다가온다.

백진상   (느끼하게)예영쓰, 작업 중이야?
이예영   네? 네.
백진상   (이예영 옆에 앉으며 아메리카노 하나를 옆에 놓는다)예영쓰, 이거 마셔. 카페 갔다가 하나 사 왔어. 회사 다니면서 어려운 점은 없고?

이예영   없어요. 되게 재밌어요.

백진상   긍정적이어서 좋네. 그래도 모르는 거 있거나 하면, 내 번호로
전화해. 응? 밤 되거나 막 그러면 갑자기 센치해지고 그러잖아.
상담도 해주고 할 테니까. 알았지?

이예영   아… 네 알겠습니다, 차장님!

백진상   (씨익 웃으며 일어난다)예영쓰는 밝아서 좋아, 아주. 사무실 분
위기 메이커야. 누구랑은 다르단 말이야, 아우…. (이미나 자리
쪽을 쳐다보며)저기… 응? 아주… 까칠해가지고… 아무튼. (웃
으며)수고해~?

백진상이 자기 자리로 움직인다. 백진상이 일어난 후, 이예영은 핸드폰을
보고 말한다.

이예영   (토하는 시늉을 하며) 우웩~(이상한 표정을 지으며 백진상 쪽
을 쳐다본다)

영상은 화면 조정 이펙트와 함께 다음 장면으로 넘어간다. 자막으로는 '껄
떡충의 최후'라는 글귀가 나오고, 화면은 정 사장과 백진상이 멱살 잡고 싸
우는 모습이 나온다.

〔아까 싸움 장면 나오는 중〕

S#11. 이예영의 집 책상 / 낮
화면이 바뀌고, 이예영의 브이로그는 집에서 계속된다.

이예영 그래서 저 껄떡충은 회사를 나갔구요~ 지 혼자 회사를 차렸대요. 뭐, 알아서 잘 먹고 잘 살겠죠~? 첫 회사인데 되게 재밌는 일이 많이 일어나네요~ 그럼~ 오늘 브이로그는 여기까지 할게요~ 모두 착하게 살자구요~ (화면을 *끄려다가 다시*)아 참, 여러분, 좋아요와 구독, 알람 설정 잊지 마시구요! 총총~! (이예영의 시그너처 포즈)[5]

똥똥소
[15화 끝]

──────────── 주 ────────────

1) 15화는 전체적으로 무거운 분위기가 지속됩니다. 시즌의 마지막을 장식해야 하다 보니 개그적 요소를 넣을 틈이 없었습니다.

2) 여태까지 〈좋좋소〉에서 볼 수 없었던 감정이 격양된 씬입니다. 이전 화까지는 배우분들에게 필요 이상으로 감정을 드러내는 연기는 지양해달라고 부탁드렸습니다. 그렇다 보니 15화에 와서 갑자기 소리를 지르는 상황이 조금 어색했는데 특히 네 번째 씬이 인물들의 감정이 너무 급작스럽게 바뀌어 매끄럽지 못한 씬이 되었습니다. 내부적으로 이러한 문제를 공유했고, 업로드 날짜가 얼마 남지 않은 시점이었지만 결국 추가 촬영을 감행했습니다. 추가 영상을 중간에 삽입해 감정 변화를 더 자연스럽게 표현하고자 했습니다.

3) 실제로 추가 촬영본을 삽입하고 나서 영상은 훨씬 매끄러워졌고, 인물들의 감정 변화도 자연스럽게 흘러갔습니다. 시나리오만 가지고서는 마지막 결과물을 정확히 예측할 수 없다는 것을 깨달았고, 영상 제작 시에는 여유 기간을 충분히 둬야 한다는 것도 몸소 체험했습니다.

4) 정 사장이 조금은 변하는 모습을 보여주고자 했습니다. 이 부분 역시 추가 촬영본이 들어가기 전에는 이전 씬들의 격양된 감정과 잘 어우러지지 않아 매우 어색했습니다.

5) 이예영의 독특한 캐릭터성이 빛을 발한 씬입니다. 실제로 이예영의 핸드폰을 통해 녹화된 장면을 그대로 사용해 실제 같은 생생함을 표현하고자 했습니다. 시청자 댓글 중 '이예영은 마치 종군기자 같다'라

는 댓글이 많은 추천 수를 받고 올라가기도 했습니다.

원래 이런 건 그냥 믿음으로 가는 건데… 필요해?

-2화 내용 중-

전자레인지랑… 냉장고랑… 또…(고민하며)싱크대도 복지에 들어가나…?

뭐 맥심 커피 하루에 두 개까지 공짜? 그 정도.

-2화 내용 중-

이과장의
좋좋소

어차피 경쟁 피티니까 디테일 필요 없어요. 국가 사업 백날 들이받아야

안 될 거 뻔하니까. 사장님 마음에만 들게 하면 돼요.

- 4화 내용 중 -